?! 歴史漫画《れきしまんが》 タイムワープ シリーズ

縄文世界《じょうもんせかい》へタイムワープ

マンガ：もとじろう／ストーリー：チーム・ガリレオ／監修《かんしゅう》：河合《かわい》 敦《あつし》

はじめに

今回《こんかい》のテーマは、縄文時代《じょうもんじだい》の人々《ひとびと》の生活《せいかつ》や文化《ぶんか》です。縄文時代《じょうもんじだい》とは、1万数千年前《まんすうせんねんまえ》から2千数百年前《せんすうひゃくねんまえ》のおよそ1万年《まんねん》を指《さ》します。

日本列島《にほんれっとう》の豊《ゆた》かな自然《しぜん》の中《なか》で、縄文時代《じょうもんじだい》の人々《ひとびと》は主《おも》に狩《か》りや漁《りょう》をしたり、木《き》の実《み》などの植物《しょくぶつ》や貝《かい》などを集《あつ》めたりして、生活《せいかつ》していました。縄文時代《じょうもんじだい》について学校《がっこう》の授業《じゅぎょう》では、こうした当時《とうじ》の人々《ひとびと》の生活《せいかつ》の様子《ようす》や、土器《どき》や石器《せっき》など、生活《せいかつ》に使《つか》った道具《どうぐ》について学習《がくしゅう》します。

マンガでは、シュン、ユイ、ノブの小学生《しょうがくせい》3人組《にんぐみ》が、未来《みらい》からやってきた少年《しょうねん》と一緒《いっしょ》に縄文時代《じょうもんじだい》にタイムワープします。そして、豊《ゆた》かでありつつも厳《きび》しい自然《しぜん》とともに生《い》きる縄文時代《じょうもんじだい》の生活《せいかつ》を体験《たいけん》します。みなさんも彼《かれ》らと一緒《いっしょ》に縄文時代《じょうもんじだい》の旅《たび》に出発《しゅっぱつ》しましょう!

監修者《かんしゅうしゃ》　河合《かわい》 敦《あつし》

今回《こんかい》のタイムワープの舞台《ぶたい》は…？

4万年前《まんねんまえ》
2万年前《まんねんまえ》
1万年前《まんねんまえ》
2000年前《ねんまえ》
1500年前《ねんまえ》
1400年前《ねんまえ》
1300年前《ねんまえ》
1200年前《ねんまえ》
1100年前《ねんまえ》
1000年前《ねんまえ》
900年前《ねんまえ》
800年前《ねんまえ》
700年前《ねんまえ》
600年前《ねんまえ》
500年前《ねんまえ》
400年前《ねんまえ》
300年前《ねんまえ》
200年前《ねんまえ》
100年前《ねんまえ》
50年前《ねんまえ》
先史時代《せんしじだい》
古代《こだい》
中世《ちゅうせい》
近世《きんせい》
近代《きんだい》
現代《げんだい》
ココ!!
旧石器時代《きゅうせっきじだい》
縄文時代《じょうもんじだい》
弥生時代《やよいじだい》
古墳時代《こふんじだい》／
飛鳥時代《あすかじだい》
奈良時代《ならじだい》
平安時代《へいあんじだい》
鎌倉時代《かまくらじだい》
室町時代《むろまちじだい》
安土桃山時代《あづちももやまじだい》
江戸時代《えどじだい》
明治時代《めいじじだい》
大正時代《たいしょうじだい》
昭和時代《しょうわじだい》
平成時代《へいせいじだい》
令和時代《れいわじだい》
日本人《にほんじん》の祖先《そせん》が住《す》み着《つ》く
土器《どき》を作《つく》り始《はじ》める
貝塚《かいづか》が作《つく》られる
米作《こめづく》りが伝《つた》わる
大和朝廷《やまとちょうてい》が生《う》まれる
平城京《へいじょうきょう》が都《みやこ》になる
平安京《へいあんきょう》が都《みやこ》になる
モンゴル（元《げん》）軍《ぐん》
が２度《どせ》攻めてくる
室町幕府《むろまちばくふ》が
開《ひら》かれる
金閣《きんかく》や銀閣《ぎんかく》が
つくられる
江戸幕府《えどばくふ》が
開《ひら》かれる
明治維新《めいじいしん》
大正《たいしょう》デモクラシー
太平洋戦争《たいへいようせんそう》
高度経済成長《こうどけいざいせいちょう》
米作《こめづく》りが広《ひろ》まる
巨大《きょだい》なお墓《はか》（古墳《こふん》）
がつくられる
奈良《なら》の大仏《だいぶつ》がつくられる
華《はな》やかな貴族《きぞく》の時代《じだい》
鎌倉幕府《かまくらばくふ》が開《ひら》かれる
（武士《ぶし》の時代《じだい》の始《はじ》まり）
戦国時代《せんごくじだい》
町人文化《ちょうにんぶんか》が盛《さか》んになる
文明開化《ぶんめいかいか》
現代《げんだい》

もくじ

1章《しょう》　怪《あや》しいやつの正体《しょうたい》は？　8ページ

2章《しょう》　懐中《かいちゅう》時《ど》計《けい》がなくなった！　24ページ

3章《しょう》　ノブがやらかした！　40ページ

4章《しょう》　獲《え》物《もの》を捕《つか》まえろ！　56ページ

5章《しょう》　ユイとノブが大活躍《だいかつやく》　74ページ

6章《しょう》　川《かわ》で危《き》機《き》一髪《いっぱつ》！　90ページ

7章《しょう》　縄文《じょうもん》クッキングは工夫《くふう》がいっぱい！　108ページ

8章《しょう》　懐中時計《かいちゅうどけい》が見《み》つかったけど……　124ページ

9章《しょう》　山《やま》の中《なか》で大《だい》ピンチ!!　140ページ

10章《しょう》　さよなら縄文世界《じょうもんせかい》　156ページ

歴史《れきし》なるほどメモ

1　縄文時代《じょうもんじだい》ってどんな時代《じだい》？　22ページ

2　縄文人《じょうもんじん》の生活《せいかつ》を見《み》てみよう！　38ページ

3　縄文人《じょうもんじん》のファッションは？　54ページ

4　縄文人《じょうもんじん》の道具《どうぐ》を見《み》てみよう 1　72ページ

5　縄文人《じょうもんじん》の道具《どうぐ》を見《み》てみよう 2　88ページ

6　縄文人《じょうもんじん》の住《す》まいは？　106ページ

7　貝塚《かいづか》って何《なに》？　122ページ

8　縄文時代《じょうもんじだい》の「交易《こうえき》」　138ページ

9　縄文時代《じょうもんじだい》の代表的《だいひょうてき》な遺跡《いせき》　154ページ

10　コメ作《づく》りの始《はじ》まりと縄文時代《じょうもんじだい》の終《お》わり　172ページ

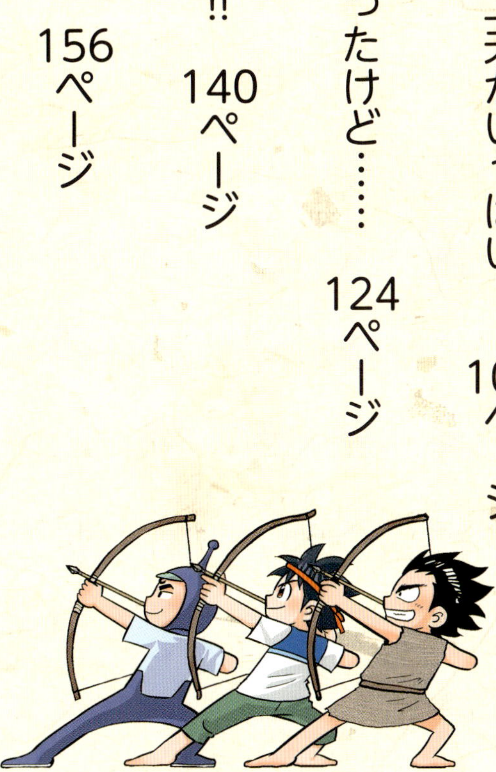

登《とう》場《じょう》人《じん》物《ぶつ》

シュン

元気《げんき》いっぱいの小学生《しょうがくせい》。
勉強《べんきょう》は苦手《にがて》で、
歴史《れきし》の知識《ちしき》はほとんどゼロ。
ふだんはお調子者《ちょうしもの》だが、
行動力《こうどうりょく》は抜群《ばつぐん》。
縄文世界《じょうもんせかい》では、
食料《しょくりょう》を調達《ちょうたつ》するため
狩《か》りや漁《りょう》に挑戦《ちょうせん》する。

ユイ

しっかり者《もの》のメガネ女子《じょし》。
いつも沈着冷静《ちんちゃくれいせい》だが、
心《こころ》の底《そこ》には熱《あつ》い思《おも》いを秘《ひ》めている。
歴史好《れきしず》きで、知識《ちしき》が豊富《ほうふ》。
手先《てさき》はあまり器用《きよう》ではなく、
照《て》れると真《ま》っ赤《か》になる
かわいい面《めん》も。

ノブ

気《き》は優《やさ》しくて力持《ちからも》ちの、憎《にく》めない性格《せいかく》。
食《く》いしん坊《ぼう》で、
食《た》べ物《もの》のことになると
我《われ》を忘《わす》れてしまう。
のんびり屋《や》だが、
いざという時《とき》は怪力《かいりき》を発揮《はっき》。

ワシとトビ

縄文《じょうもん》世界《せかい》に暮《く》らす兄弟《きょうだい》。
兄《あに》のワシは弓矢《ゆみや》が得意《とくい》。
弟《おとうと》のトビは魚《さかな》とりが得意《とくい》。
父《ちち》、母《はは》や犬《いぬ》のイチらとともに
シュン、ユイ、ノブを助《たす》ける。

ネル

シュン、ユイ、ノブが
以前《いぜん》のタイムワープで会《あ》った
ある人物《じんぶつ》の子孫《しそん》。
未来《みらい》からやってきたが、
３人《にん》と一緒《いっしょ》に縄文《じょうもん》世界《せかい》に。

1章《しょう》
怪《あや》しいやつの正体《しょうたい》は？

ごごごご
ぐがぁ〜
わわっ 何《なん》だ? 地震《じしん》か?
いいえ 先生《せんせい》 これはきっと……
ぐがぁ〜
ごごご
シュン
ノブ
授業中《じゅぎょうちゅう》に何《なに》やってんの! 起《お》きなさい! シュン! ノブ!
もーっ
あーうんうん
ごはんまだ〜?
ムニャ
ムニャ
ワハハハ
ユイと……
シュンと…… ノブ……

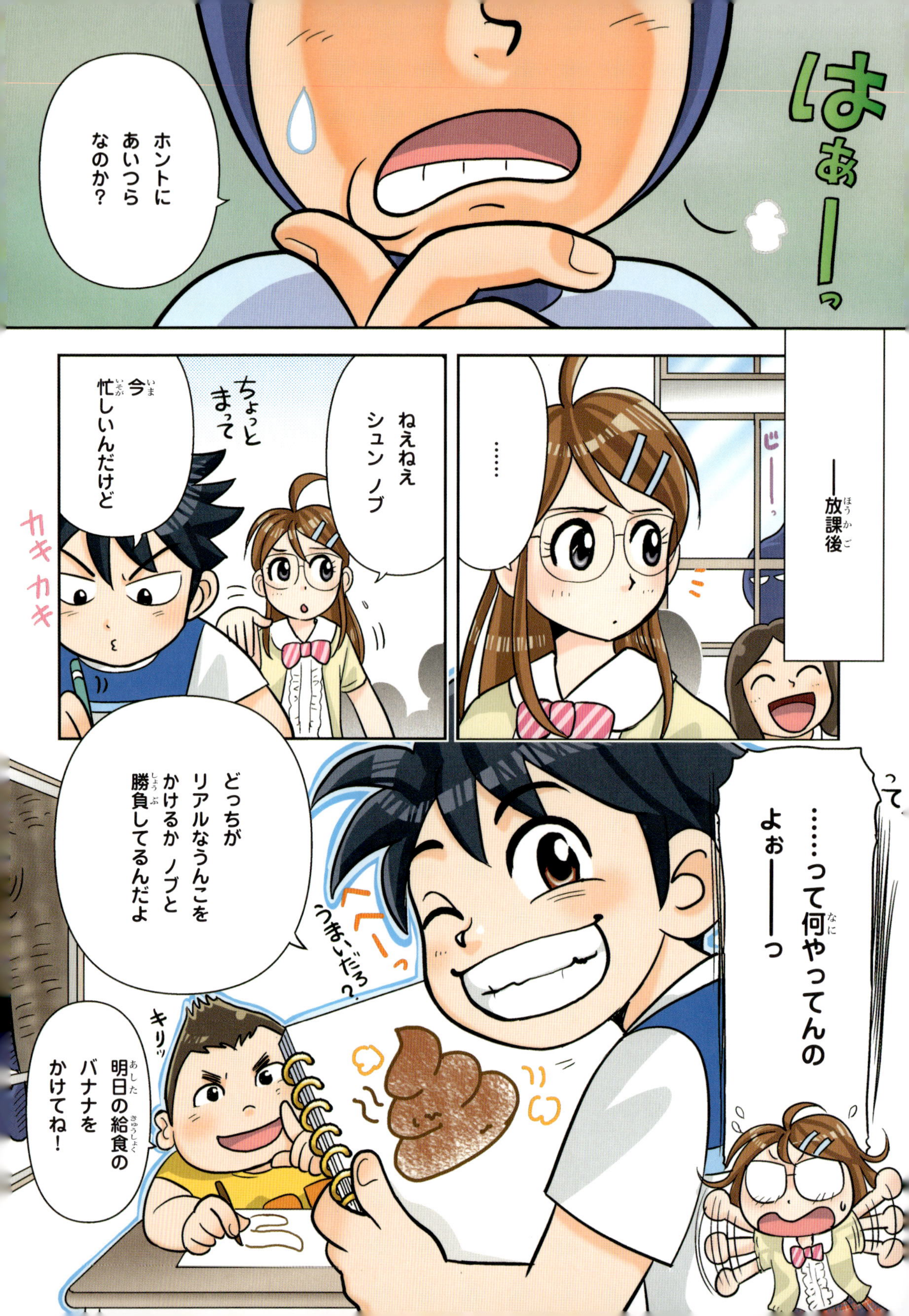
はぁーっ
ホントに あいつら なのか？
──放課後《ほうかご》
じーっ
……
ねえねえ シュン ノブ
ちょっと まって
今《いま》 忙《いそが》しいんだけど
カキカキ
……って何《なに》やってんのよぉ──っ
って
どっちが リアルなうんこを かけるか ノブと 勝負《しょうぶ》してるんだよ
うまいだろ？
キリッ
明日《あした》の給食《きゅうしょく》の バナナを かけてね！

ピクッ
じー
……だれかが私《わたし》たちのことを見《み》ている気《き》がする
うーん
そいつはきっとオレのファンだな うーん 人気者《にんきもの》はつらいぜ……
本気《ほんき》で言《い》ってるでしょ
ん？ ノブ どうした？
ぐうううう
気《き》がついたらうんこじゃなくてカレーをかいてたんだ それ見《み》てたらおなかがすいちゃった……
NOB
もーノブったら
ハハハ
ノブらしいぜ！ よし！ 昨日《きのう》のカレーが残《のこ》ってるからうちに食《た》べにこいよ！
ホント!? ありがとう友《とも》よ！
がばっ
ボクはキミという友《とも》だちをもったことをほこりに思《おも》うよ！
ぎゅうう
ぐ…ぐるじ

カレー
あそれ カレー ウンコ
カレー おいしい カレー
きったない からー
やっぱり つけられてる
走《はし》るわよ!
ダッ
ダダッ
タッ…
はっ
ちょっと! あなた
私《わたし》たちに 何《なに》か用《よう》なの?

おっと見《み》つかったか……さすがはユイだな
それにひきかえこっちのふたりは……
カレー♪ カレー♪ カレー♪ カレー♪
答《こた》えになってないわ！なんで私《わたし》たちのことかぎまわってるのよ！
それは…シュンの家《いえ》でカレー食《た》べながら説明《せつめい》してやろう
は？
なんでおまえまでカレー食《た》べにくるんだよ!?
キミ！いい人《ひと》だねっ！カレー好《ず》きな人《ひと》に悪《わる》い人《ひと》はいないよ！
一緒《いっしょ》に食《た》べよう！
う…うん
だからオレん家《ち》だっての
ギュ ギュ

シュンの家《いえ》
さぁ めしあがれ♫
いっただっきまーす
カレー うまいっ!
パク
パク
あんた 私《わたし》たちに話《はなし》があったんじゃないの?
なんで私《わたし》たちのこと かぎまわってるのよ!
それは…… キミたちの タイムマシン…… 懐中時計《かいちゅうどけい》の ことを 知《し》りたいからさ

ピュ〜
ピュピュ
ピュピ〜
なんのことかなー
ごまかし方《かた》が下手《へた》だな……
キミたちは懐中時計《かいちゅうどけい》で時間旅行《じかんりょこう》したんだろ?
どどどど どーしてそう思《おも》うんだよっ!
ボクは100年後《ねんご》の未来《みらい》からやってきたんだ
ワハハ ジョーダンうまいなー
ボクの先祖《せんぞ》が書《か》いた日記《にっき》が残《のこ》ってるんだよ
不思議《ふしぎ》な子供達《こどもたち》と会《あ》う。男《おとこ》の子《こ》がシュンとノブ 女《おんな》の子《こ》がユイという。懐中時計《かいちゅうどけい》で時間旅行《じかんりょこう》ができるようだ。
こっ これは……
じゃあなたはもしかして——

ボクの名前《なまえ》はネル！
そう キミたちが以前《いぜん》タイムワープした先《さき》で知《し》り合《あ》ったテルは ボクのおじいさんのおじいさんのおじいさんなんだ
ネル
牛《ぎゅう》なべおいしかったなし
やっぱり～
なつかしいな
で
ホントにそんなことがあったのか確《たし》かめにきたんだけど……
やっぱり信《しん》じられないな ユイはともかくそっちのふたりはうんこかいて喜《よろこ》ぶようなお子《こ》ちゃまだし
たしかにね
なにを－!!
オレたちはちゃんと幕末《ばくまつ》と明治時代《めいじじだい》の日本《にほん》へ行《い》っておまえのおじいさんのおじいさんのおじいさんのテルに会《あ》ったんだ！

フン！
怪《あや》しいもんだ
ムカッ
あーあー
のせられちゃって…
何《なん》だと？
コレを見《み》ろ！
がばっ
ぱかっ
それは……
懐中時計型《かいちゅうどけいがた》
タイムマシン！
これでわかったろ？
オレたちがタイムワープしたって！
それよりおまえこそ
本当《ほんとう》にテルの子孫《しそん》なのかよ？
ダダダ
がしっ
でも懐中時計《かいちゅうどけい》の使《つか》い方《かた》は
わからないだろ？
カンタンだよ
これを開《あ》ければ
いいんだ
あ！
あ！
ぱかっ

またまた開《あ》けちゃったのォォ!?
ドサ
ドサ

ヒエエ
ヒュルル
ノブ!!
こんなに小《ちい》さくなっちゃって……
それはボクじゃなくて……
あれ？ 何《なん》だろう？
メガネ《はい》
何《なに》かいっぱい置《お》いてあるけど
ここは…
おまえたち何者《なにもの》じゃ！

ドドドン
ドン
ドンドドン
オオオウ
私《わたし》たちまた
タイムワープ
しちゃったのね
ここは
どこだ？
そういえば
これ　授業《じゅぎょう》で見《み》た
ような……
あっ！
これは

ドン ドン
ドドン
縄文土器《じょうもんどき》!!
——ということは
幕末《ばくまつ》や明治時代《めいじじだい》より
ずっとずっと昔《むかし》の
縄文時代《じょうもんじだい》よ!!
土器《どき》の形《かたち》からして
縄文時代《じょうもんじだい》
中期《ちゅうき》
5500年《ねん》～4500年《ねん》前《まえ》ね!
じょ…
縄文時代《じょうもんじだい》?
ドキドキ

TIME WARP memo
歴史《れきし》なるほどメモ①

縄文時代《じょうもんじだい》ってどんな時代《じだい》？

① 旧石器時代《きゅうせっきじだい》から縄文時代《じょうもんじだい》へ

縄文時代《じょうもんじだい》は、今《いま》から1万数千年《まんすうせんねん》ほど前《まえ》から始《はじ》まりました。それより前《まえ》の時代《じだい》を旧石器時代《きゅうせっきじだい》といいます。日本《にほん》の旧石器時代《きゅうせっきじだい》は、地球《ちきゅう》の氷河期《ひょうがき》にあたります。

旧石器時代《きゅうせっきじだい》の人々《ひとびと》は、槍《やり》を使《つか》って、マンモスやナウマンゾウ、オオツノジカなどの大《おお》きな動物《どうぶつ》を狩《か》って食料《しょくりょう》にしていました。彼《かれ》らは、決《き》まった住《す》まいを持《も》たず、季節《きせつ》ごとに獲物《えもの》を追《お》って移動《いどう》する生活《せいかつ》を送《おく》っていたと考《かんが》えられています。

今《いま》から1万数千年前《まんすうせんねんまえ》、氷河期《ひょうがき》が終《お》わると、気候《きこう》が暖《あたた》かくなり、大《おお》きな動物《どうぶつ》たちが姿《すがた》を消《け》すなど、自然《しぜん》環境《かんきょう》が大《おお》きく変《か》わりました。それに合《あ》わせて人々《ひとびと》の生活《せいかつ》にも変化《へんか》が現《あらわ》れました。縄文時代《じょうもんじだい》の始《はじ》まりです。

縄文時代《じょうもんじだい》の人々《ひとびと》はイノシシやシカ、ウサギなど中型《ちゅうがた》や小型《こがた》の獲物《えもの》を弓矢《ゆみや》で狩《か》って食料《しょくりょう》にしました。また、土器《どき》を使《つか》い、決《き》まった住《す》まいをつくるようになりました。

槍《やり》の先《さき》につける打製石器《だせいせっき》。槍《やり》は、旧石器時代《きゅうせっきじだい》の人々《ひとびと》の主《おも》な狩猟道具《しゅりょうどうぐ》だった　写真：ピクスタ

打《う》ち欠《か》いて作《つく》った「打製石器《だせいせっき》」をよく使《つか》っていたわ

旧石器時代《きゅうせっきじだい》→縄文時代《じょうもんじだい》の主《おも》な変化《へんか》

①土器《どき》を使《つか》うようになった。
②獲物《えもの》が小型化《こがたか》し、動《うご》きがすばやくなったために、狩《か》りは弓矢《ゆみや》を使《つか》うようになった。
③決《き》まった住居《じゅうきょ》に暮《く》らすようになった（定住《ていじゅう》）。

縄文土器《じょうもんどき》
縄《なわ》を転《ころ》がしてつけた模様《もよう》が特徴《とくちょう》。土器《どき》の登場《とうじょう》が縄《じょう》文時代《もんじだい》の大《おお》きなポイント
写真：ピクスタ

② 1万年《まんねん》以上《いじょう》続《つづ》いた「平和《へいわ》な時代《じだい》」

縄文時代《じょうもんじだい》は、1万年以上《まんねんいじょう》も続《つづ》きました。食《た》べ物《もの》がなかなかとれないことがあったり、自然《しぜん》の厳《きび》しさにさらされたりするなど、大変《たいへん》なことも多《おお》かったでしょう。でも、人々《ひとびと》は日本列島《にほんれっとう》の自然《しぜん》の恵《めぐ》みに支《ささ》えられ、大《おお》きな争《あらそ》いをすることもなく、お互《たが》いに助《たす》け合《あ》って暮《く》らしていたと考《かんが》えられています。

日本列島《にほんれっとう》では、1万年以上《まんねんいじょう》にわたって、「平和《へいわ》な時《じ》代《だい》」が続《つづ》いたのです。

厳《きび》しい生活《せいかつ》だからこそ
みんなが力《ちから》を
合《あ》わせて仲良《なかよ》く
暮《く》らしていたんだな

縄文時代《じょうもんじだい》のムラの模型《もけい》

縄文時代《じょうもんじだい》の日本《にほん》の人口《じんこう》は、初期《しょき》の頃《ころ》が約《やく》2万人《まんにん》。最盛期《さいせいき》で約《やく》26万人《まんにん》と計算《けいさん》されている。1つのムラの人口《じんこう》は、せいぜい数《すう》十人《じゅうにん》だったと考《かんが》えられている

写真：ピクスタ

縄文時代《じょうもんじだい》の時期区分《じきくぶん》

縄文時代《じょうもんじだい》は、土器《どき》の形《かたち》などの文化《ぶんか》の特徴《とくちょう》によって、次《つぎ》の6つの時期《じき》に分《わ》けられます。

草創期《そうそうき》	<1万数千《まんすうせん》～1万《まん》2千年前《せんねんまえ》> ・土器《どき》や弓矢《ゆみや》を使《つか》い始《はじ》める。定住《ていじゅう》が進《すす》む。
早期《そうき》	<約《やく》1万《まん》2千《せん》～7千年前《せんねんまえ》> ・貝塚《かいづか》がつくられるようになる。
前期《ぜんき》	<約《やく》7千《せん》～5500年前《ねんまえ》> ・ムラの数《かず》が増《ふ》え、人口《じんこう》が増《ふ》える。
中期《ちゅうき》	<約《やく》5500～4500年前《ねんまえ》> ・大規模《だいきぼ》なムラができる。「火焔型土器《かえんがたどき》」など派手《はで》な土器《どき》が作《つく》られる。
後期《こうき》	<約《やく》4500～3300年前《ねんまえ》> ・大規模《だいきぼ》なムラがなくなり、人口《じんこう》が減《へ》る。ムラが分散《ぶんさん》する。
晩期《ばんき》	<約《やく》3300～2千数百年前《せんすうひゃくねんまえ》> ・西日本《にしにほん》でコメ作《づく》りが始《はじ》まる。

＊それぞれの時期《じき》が何年前《なんねんまえ》かについては目安《めやす》です。ちがう説《せつ》もあります。

2章《しょう》

懐中《かいちゅう》時計《どけい》がなくなった！

つん
つん
ん？
おまえたち
どこのムラの
者《もの》だ？
変《へん》な
かっこうして
何《なに》しにきた？
……
何《なに》しにって
うっかり
来《き》ちゃった
だけで…
おまえたちこそ
変《へん》なお面《めん》かぶって
何《なに》やってんだよ！
ドドッ
ドン
オレたちのムラの
まつりの日《ひ》なんだ
そうさ！
収穫《しゅうかく》を祈《いの》る
日《ひ》なんだぞっ！

スゴイ!! これが縄文《じょうもん》時代《じだい》のまつりなのね！
オレの名《な》は「ワシ」だ でかいイノシシがとれるように祈《いの》ってるんだ
ワシ
オイラは「トビ」さ！ 魚《さかな》がいっぱいとれるように祈《いの》ってるのさ！
トビ

ドン ドン
ドドン
ウム
縄文時代《じょうもんじだい》の人《ひと》たちは厳《きび》しい自然《しぜん》の中《なか》で魚《さかな》や動物《どうぶつ》を捕《つか》まえたり木《き》の実《み》をとったりして生活《せいかつ》していたから
こうやってたくさん収穫《しゅうかく》があることを祈《いの》って まつりをしていたわけか
ずいぶんえらそうだな
そーね

トン
ト
トン
ん？
何《なん》だか……
あれっ？
このリズムは自然《しぜん》と体《からだ》が……
トトン
トン
トトン トン
おや
はっ
トトン トン
はっ
やっ
トトン トン
おいおい どこへ行《い》く？
ヤッハー 楽《たの》しい～
ハ～
イヨ～
もう なじんでるし
そーね あのふたりはどこの時代《じだい》に行《い》っても楽《たの》しくやれちゃうのよね

こじんまり
おまつりっていっても人数少《にんずうすく》ないのね
学校《がっこう》の1クラス分《ぶん》くらいかな
うむ
縄文時代《じょうもんじだい》のムラは数十人《すうじゅうにん》くらいの小規模《しょうきぼ》なものだったのかな
おーいユイたちもおどろうぜ!
楽しいよ!
え?
う…うん!
未来人《みらいじん》のボクが古代人《こだいじん》の祭《まつ》りでおどりなんて…
ウズ
ウズ
ドドン
ドドン
なんかかわったおどりしてるなー
ドンドドンドドンドド

とっぷり
ドドンドドン
あー 楽《たの》しかったー
おう 面白《おもしろ》かったよな
あのふたりは まーだおどってる
ワシ! トビ! ふたりもありがとうな!
ありがとう とっても楽《たの》しかったわ!
そ…それは よかった
おーい そろそろ帰《かえ》ろうぜーー
オレたちの時代《じだい》に

OK《オーケイ》!
懐中時計《かいちゅうどけい》はこのポケットの中《なか》に……
ぱっ
えー!? まぁたなくしたのかよォ~
あちゃ~
よく捜《さが》してみて~
う… うん
たしかにここにあったハズ…
けっこうハデにおどってたからなー
とにかく早《はや》く捜《さが》さなくちゃ
懐中電灯《かいちゅうでんとう》ちょうだい! LED《エルイーディー》のやつ
あるわけないでしょ! 何時代《なにじだい》だと思《おも》ってるのよ
電球《でんきゅう》や電池《でんち》もないわよ
??
??

ボウ
パチ パチ
周《まわ》りが真《ま》っ暗《くら》だから
これじゃあちょっと……
小《ちい》さい落《お》とし物《もの》を
捜《さが》すのには
向《む》いてないね
あんまり…
うん……
あついし…
パチ
夜《よる》になくし物《もの》を
捜《さが》すのはムリだ
朝《あさ》まで
待《ま》ったほうがいいよ
ボクも
そう思《おも》うぜ
えー
いやー でも早《はや》く
何《なん》とかしないと……
チラ
別《べつ》の問題《もんだい》
が…あっ!

おなか
すいたぁ～……
へにゃへにゃ
へにゃへにゃ
あー！っ
やっぱりノブの
エネルギーが
切《き》れちゃったよっ
ぺたん
こうなると動《うご》かすの大変《たいへん》なんだよ…
食《た》べ物《もの》……
分《わ》けてやるよ
食《た》べて寝《ね》て
朝捜《あささが》せばいい
よ！
本当《ほんとう》に!?
ありがとう!!
キミたちはいい人《ひと》だ!!
友《とも》だ
親友《しんゆう》だ！
ホントに
いいの？
ゴク
だっ
NOB

お食事《しょくじ》♪
お食事《しょくじ》
ここがワシとトビの家《いえ》なのか――
すげー手《て》作《づく》り
カッコイイ～
うん！　オイラと兄《にい》ちゃんと父《とう》ちゃん母《かあ》ちゃんで住《す》んでるんだ！
あとイチもな

犬《いぬ》ってこんな昔《むかし》から人間《にんげん》と一緒《いっしょ》に暮《く》らしてたんだ！
うひゃっ
私《わたし》たちの生活《せいかつ》とそんなに変《か》わらないような気《き》がするわ！
はい お待《ま》たせ！召《め》し上《あ》がれ！
いただきまーす
汁《しる》の中《なか》に入《はい》ってるのは何《なに》かしら？
森《もり》でとった木《き》の実《み》だなクリとかクルミとか
マメとかヒョウタンもあるぞ
ええと……肉《にく》とか魚《さかな》はないの？
キラン
にく？
最近《さいきん》イノシシや魚《さかな》はあまりとれないし
塩漬《しおづ》けにしたものがあったんだけどそれも昨日《きのう》でなくなった
なるほど！だから収穫《しゅうかく》を祈《いの》るまつりをしていたんだな！

じゃあ今《いま》は食《た》べ物《もの》がとても貴重《きちょう》なのね
そんな貴重《きちょう》なものをオレたちに……ありがとう
気《き》にするな
困《こま》った時《とき》に助《たす》け合《あ》うのは当《あ》たり前《まえ》だ
この恩《おん》は忘《わす》れないよ
感動《かんどう》したぜ!
おかわり!!
ノブ……今《いま》の話《はなし》聞《き》いてた?
?
全然《ぜんぜん》!
あのな……
ゴニョゴニョ…
NOR
そっ…そんな貴重《きちょう》な食《た》べ物《もの》を分《わ》けてくれるとはっ
ぶわっ
ワシとトビの家族《かぞく》なんてイイ人《ひと》たちッ!!

ありがとおおおおっ
大好《だいす》きっ
ハグッ
さっ ノブにも事情《じじょう》がわかったことだし
早《はや》く寝《ね》て 明日《あす》はすぐ捜《さが》しましょう
ZZZZ
ムクッ‥
ZZZZZ

縄文人《じょうもんじん》の生活《せいかつ》を見《み》てみよう！

①狩猟《しゅりょう》・採集《さいしゅう》・漁労《ぎょろう》で食料《しょくりょう》GET《ゲット》

縄文時代《じょうもんじだい》の人々《ひとびと》は、主《おも》に3つの手段《しゅだん》を使《つか》って、自然《しぜん》の中《なか》から食《た》べ物《もの》を手《て》に入《い》れていました。

イノシシやシカなどの動物《どうぶつ》を捕《つか》まえる「狩猟《しゅりょう》」、木《き》の実《み》や山菜《さんさい》、貝《かい》などをとる「採集《さいしゅう》」、魚《さかな》などを捕《つか》まえる「漁労《ぎょろう》」です。

②四季《しき》の恵《めぐ》みに合《あ》わせて

日本《にほん》は、春夏秋冬《しゅんかしゅうとう》という4つの季節《きせつ》がはっきりしていて、季節《きせつ》が移《うつ》り変《か》わるにつれて、自然《しぜん》の中《なか》でとれる食料《しょくりょう》も変《か》わります。縄文人《じょうもんじん》たちは、そんな自然《しぜん》についての知識《ちしき》が豊富《ほうふ》で、四季《しき》の恵《めぐ》みに合《あ》わせて食《た》べ物《もの》を手《て》に入《い》れていました。

狩猟《しゅりょう》 イノシシやシカなどの動物《どうぶつ》を、弓矢《ゆみや》やワナを用《もち》いたり、犬《いぬ》を使《つか》ったりして捕《つか》まえた

採集《さいしゅう》 大型《おおがた》のカゴを持《も》って森《もり》や川《かわ》などに行《い》き、木《き》の実《み》や山菜《さんさい》、貝《かい》などを集《あつ》めて持《も》ち帰《かえ》った

漁労《ぎょろう》 海《うみ》や川《かわ》などに行《い》き、釣《つ》り針《ばり》やモリ、網《あみ》などを使《つか》って、魚《さかな》を捕《つか》まえた

写真：すべて新潟県立歴史博物館蔵

季節《きせつ》ごとにおいしいものを食《た》べていたんだね！

縄文《じょうもん》カレンダー

遺跡《いせき》から出《で》てくる食《た》べカスから推測《すいそく》した、縄文時代《じょうもんじだい》の人々《ひとびと》が、どの季節《きせつ》にどんな動物《どうぶつ》や植物《しょくぶつ》を、狩猟《しゅりょう》・採集《さいしゅう》・漁労《ぎょろう》のうちどの手段《しゅだん》によって手《て》に入《い》れていたかを表《あらわ》したもの。これは一例《いちれい》で、地域《ちいき》によって異《こと》なる。縄文人《じょうもんじん》はこんなカレンダーを頭《あたま》に入《い》れて生活《せいかつ》していたと考《かんが》えられる

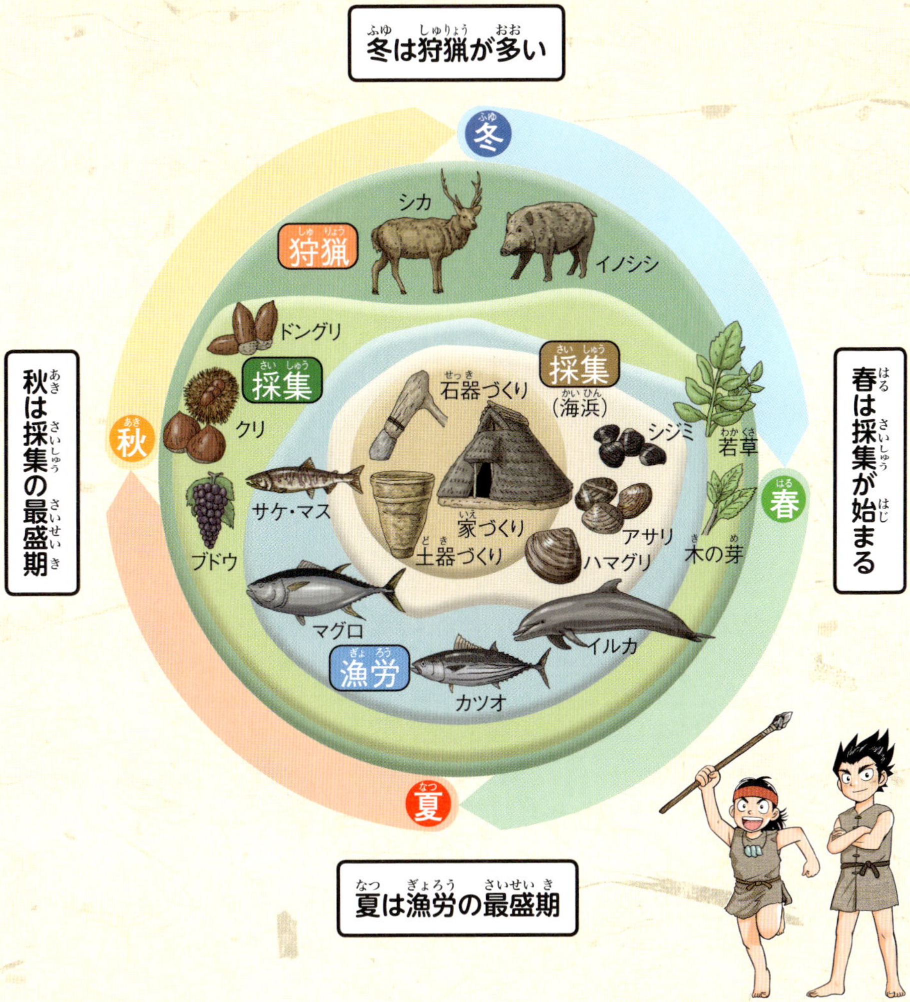
冬《ふゆ》は狩猟《しゅりょう》が多《おお》い
冬《ふゆ》
シカ
狩猟《しゅりょう》
イノシシ
ドングリ
採集《さいしゅう》
クリ
採集《さいしゅう》
（海浜《かいひん》）
石器《せっき》づくり
家《いえ》づくり
土器《どき》づくり
シジミ
若草《わかくさ》
アサリ
ハマグリ
木《き》の芽《め》
サケ・マス
ブドウ
マグロ
イルカ
漁労《ぎょろう》
カツオ
秋《あき》
秋《あき》は採集《さいしゅう》の最盛期《さいせいき》
春《はる》
春《はる》は採集《さいしゅう》が始《はじ》まる
夏《なつ》
夏《なつ》は漁労《ぎょろう》の最盛期《さいせいき》

3章《しょう》 ノブがやらかした！

ガバッ
なっ……何《なん》だ!?
どうした?
zz
あっちから声《こえ》がしたわ!
ザワ
ザワ
ワシ! トビ! 何《なに》があったんだ!?
ためていた大切《たいせつ》な食料《しょくりょう》がなくなっちゃったんだよ
だれがそんなヒドイことを……
?
スッ

イヤイヤ
イヤイヤ
まて
まて
まて
おいおい
ボクじゃないって
おまえじゃ
なくて……
ごぉぉぉぉぉぉ
あー……
まさか……
ユサ
ユサ
おい! ノブ! 起《お》きろ!
起《お》きなさい!!
ノブ!!

ん～
あっ！　シュン！
おはよう！
あのねあのね！
いい夢見《ゆめみ》たんだよ！
木《き》の実《み》をおなか
い～っぱいに
なるまで食《た》べたんだ！
モグ
モグ
しあわせ
だったな
～!!
食《た》べカス
だらけ……
ノブ…それ……
夢《ゆめ》じゃないから
NOB
えっ？

本当《ほんとう》にすみませんでしたっ!!
どうかゆるしてください
ノブも悪気《わるぎ》はなかったんですっ
ごめんなさぁい もうしませぇん!!
こいつ食《く》いしん坊《ぼう》だから寝《ね》ぼけてフラフラと食《た》べ物《もの》に吸《す》い寄《よ》せられて食《た》べちゃったんだ
――3人《にん》とも顔《かお》を上《あ》げなさい

食《た》べてしまったものはもう戻《もど》らないのだ
しかたないわ
それより昨日《きのう》なくしたものを早《はや》く捜《さが》しなよ
大切《たいせつ》なものなんでしょ?
そうだそうだ!懐中時計《かいちゅうどけい》を捜《さが》さないと!
なんでおまえはそっちでえらそうなことを言《い》ってるんだよ
そう言《い》ってくれるのはありがたいけど
――そんなわけにはいかないよ

ノブに悪気《わるぎ》がなかったとはいえ食料《しょくりょう》がなくなってみんなが困《こま》ってるのは確《たし》かだ!
それなのにオレたちがホイホイ元《もと》の時代《じだい》に戻《もど》るわけにはいかないよ!
そうだけど——でもどうすれば
オレが狩《か》りに行《い》って食料《しょくりょう》をとってくる!!

シュン!
そんなこと言《い》って おまえ 狩《か》りなんて したことあるのか!?
ないっ!
キッパリ
でも絶対《ぜったい》に 捕《つか》まえてくる!
きっとテルがいたら 同《おな》じことをしたと 思《おも》う
何《なん》だと?
テルはおまえと違《ちが》って 恩義《おんぎ》を忘《わす》れない いいやつだった からな!
な…… なにをー!!
まあ そもそもネルは 狩《か》りなんてできっこ ないだろうけどな
やってやろーじゃないか! 狩《か》ってやろーじゃないか!
ボクがシュンより先《さき》に 獲物《えもの》を仕留《しと》めて やるわい!
メラ
メラ

──そういうわけで
オレたちは狩《か》りに行《い》って
獲物《えもの》を捕《つか》まえてくる！
だからユイとノブは
ムラに残《のこ》って懐中時計《かいちゅうどけい》を
捜《さが》してくれっ
わかったわ
必《かなら》ず見《み》つけるよ！
NOB

――いや
今日《きょう》の狩《か》りはやめておけ
風《かぜ》のにおいが変《へん》だ
きっとよくないことが起《お》きる
……
心配《しんぱい》してくれて
ありがとう!
でも大丈夫《だいじょうぶ》さ!
必《かなら》ず獲物《えもの》を
捕《つか》まえてくるよ!!
やっぱりやめたほうが…
待《ま》っててください!
あっ 待《ま》て! シュン!
ボクも行《い》くぞ!
絶対負《ぜったいま》けないからな!
ピューッ
あっ
行《い》っちゃった…
大丈夫《だいじょうぶ》かしら…
いってらっしゃーい
ぽかーん

ガサッ
ガサッ
ガサ
ガサ
シッ！
ウプ
オイ
どこにも
獲物《えもの》など
いやしないぞ
ウサギだな
ぴょん ぴょん
挟《はさ》み撃《う》ちにしよう！
オレが向《む》こうに回《まわ》ったら
おまえは大声《おおごえ》でウサギを
追《お》いかけてくれ！
逃《に》げてきたところを
オレが捕《つか》まえる
よし！ わかっ――

オイオイ それじゃあ おまえの手柄《てがら》になるじゃないか！
危《あぶ》ない危《あぶ》ない
おまえが大声《おおごえ》で 追《お》いかけて ボクが捕《つか》まえる！
何言《なにい》ってんだよ 捕《つか》まえるのはオレさ
ボクが 捕《つか》まえる！
いや オレが！
やいの やいの
ガサ
ゴソ
ピョン
ピョン
あーっ
しまった…… 逃《に》げられた……
おまえのせいで 逃《に》げられちゃっただろ
ガギギ
ググゲゲ
おまえが ボクの言《い》うとおりに していればよかったんだろ
あっ！ 戻《もど》ってきた！
ガサ

モシャ モシャ
いいか
今度《こんど》こそ……
協力《きょうりょく》して
捕《つか》まえるぞ
じーーっ
モシャ モシャ
モシャ モシャ
よし……
…
せーので
一緒《いっしょ》に……
要《よう》は仕留《しと》めれば
いいんだろ？
ひとりで捕《つか》まえて
やるよ！
ワハハ
ガサ
ほ～ら
おいでウサギちゃん
えっ？ ちょっ……
バ…バカ！
待《ま》て！

ヒュン
あっ！
ドサ
命中《めいちゅう》した！
すげっ
だっ
だれだ!?

縄文人《じょうもんじん》のファッションは？

① 布《ぬの》の服《ふく》を着《き》るようになった

縄文時代《じょうもんじだい》の前《まえ》の旧石器時代《きゅうせっきじだい》の人々《ひとびと》は、主《おも》に動物《どうぶつ》の皮《かわ》で作《つく》った服《ふく》を着《き》ていたようです。

しかし、縄文時代《じょうもんじだい》になると、植物《しょくぶつ》の葉《は》などから糸《いと》を作《つく》り布《ぬの》を織《お》る技術《ぎじゅつ》が生《う》まれました。そこで人々《ひとびと》は、布《ぬの》でできた服《ふく》も着《き》るようになりました。

② 化粧《けしょう》やアクセサリーも楽《たの》しんだ

縄文時代《じょうもんじだい》の遺跡《いせき》からは、耳飾《みみかざ》りやペンダントなどのアクセサリーが見《み》つかっています。また、まつりなどで使《つか》われた人形《にんぎょう》（土偶《どぐう》）の姿《すがた》などから、特別《とくべつ》な日《ひ》には、人々《ひとびと》は特別《とくべつ》な衣装《いしょう》やアクセサリーで着飾《きかざ》ったと考《かんが》えられます。

ふだんのファッション

ふだんは動《うご》きやすく、シンプルな布《ぬの》の服《ふく》を着《き》ていたと考《かんが》えられる。アクセサリーをつけ、化粧《けしょう》もしていたようだ

特別《とくべつ》な日《ひ》のファッション

まつりなどの特別《とくべつ》な日《ひ》には、あざやかな色《いろ》づかいの服《ふく》を着《き》て、アクセサリーも特別《とくべつ》なものをつけた

縄文《じょうもん》時代《じだい》のアクセサリー

ペンダント

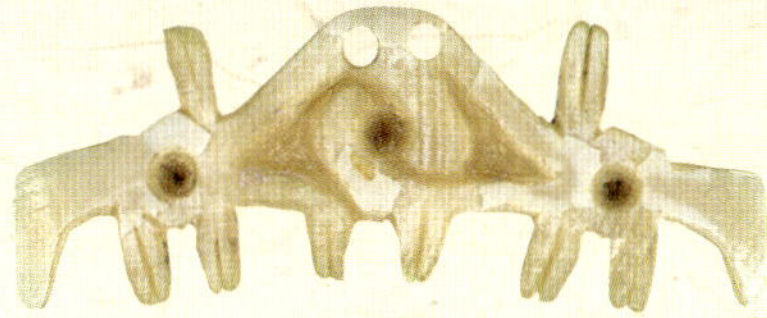

イノシシの牙《きば》で作《つく》られたペンダント
東松島市里浜貝塚出土　東北歴史博物館蔵

耳飾《みみかざ》り

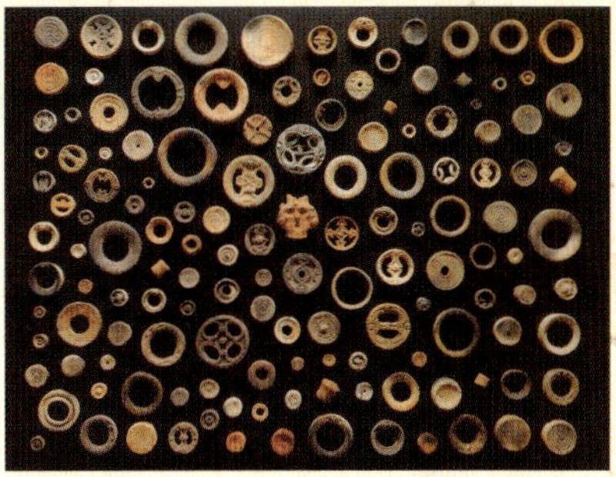

大《おお》きさも形《かたち》もさまざまなたくさんの耳飾《みみかざ》り。現在《げんざい》のピアスのように、耳《みみ》たぶに穴《あな》をあけてつけた。シンプルなデザインのものもあることから、特別《とくべつ》な日《ひ》だけでなく、ふだんから身《み》につけていたとも考《かんが》えられる
茅野遺跡出土　榛東村教育委員会蔵

かんざし

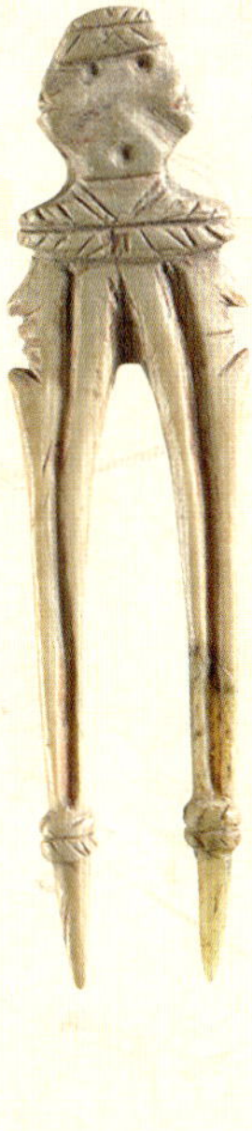

シカの角《つの》で作《つく》られたかんざし。人間《にんげん》の顔《かお》が表現《ひょうげん》されている
石巻市沼津貝塚出土
東北歴史博物館蔵

くし

竹《たけ》で作《つく》られ、うるしをぬって仕上《しあ》げられたくし
鳥浜貝塚出土
福井県立若狭歴史博物館蔵
写真：朝日新聞社

腕輪《うでわ》

貝《かい》で作《つく》られた腕輪《うでわ》
石巻市河北町南境貝塚出土
東北歴史博物館蔵

4章《しょう》 獲物《えもの》を捕《つか》まえろ！

ザッ
ザッ
そんなやり方《かた》じゃ何《なに》も捕《つか》まえられないぜ
ワシが撃《う》ったのか？　今《いま》の
な…なかなかやるじゃないか
エヘン
ワシは弓矢《ゆみや》の名人《めいじん》さ！
狙《ねら》った獲物《えもの》は外《はず》さないぜ！
ワン
父《とう》さんにはまだかなわないけどな

すっ…すげえや！
オレにもその弓矢《ゆみや》
貸《か》してくれよ！
そうだ！
それさえあればボクだって
獲物《えもの》を捕《つか》まえられるぞ
ダメだ！
狩《か》りの道具《どうぐ》は
自分《じぶん》で作《つく》るものだ
自分《じぶん》で!?
んなこと
言《い》ったって……
図工《ずこう》は
あんまり…

心配《しんぱい》するな
オレが作《つく》り方《かた》を教《おし》えてやる
ホッ
まず弓《ゆみ》の材料《ざいりょう》だ
じょうぶで曲《ま》がっても折《お》れない木《き》を選《えら》ぶんだ
よし！わかった!!
フムフム
でんっ
これでどうだ？スゲー弓《ゆみ》ができるんじゃないか？
確《たし》かにじょうぶではあるが……
おいおい……
ビョン
ビョン
弓《ゆみ》は木《き》をしならせて元《もと》に戻《もど》る力《ちから》を利用《りよう》して矢《や》を飛《と》ばすんだ
じょうぶなだけでは使《つか》えない
こっ…これもしなるぞ……
あきらめ悪《わる》いなー
ぐいぐい

よくしなって じょうぶな――
ギシ
ギシ
ぎゅっ ぎゅっ
このカヤ なんかが オススメだ
わかりました 先生《せんせい》！
よくしなって……
じょうぶ で……
ぐい
ぐい
ポキ
あっ
これは？
これで どうだ？
ん？ どっちも 合格《ごうかく》だ
じゃあ弓作《ゆみづく》りを 始《はじ》めるぞ！

まず石斧《せきふ》でちょうど いい長《なが》さに切《き》る……
ガッ
ガッ
こんな感《かん》じかな?
ああ そのくらいだ
……
つる*をかける部分《ぶぶん》を作《つく》るために両端《りょうたん》を削《けず》るんだ
*つる＝弓《ゆみ》にはる糸《いと》
ゾリッ
ゾリッ
いろんな石《いし》で加工《かこう》するんだなぁ
よっしゃ! できた～! で つるは何《なに》を使《つか》うんだ?
オーイ
ちょうど見《み》つけてきたよ

これは麻《あさ》という植物《しょくぶつ》だ
ワサッ
これでつるを作《つく》るわけか?
そう
湿《しめ》らせてよりあわせて強《つよ》くしていく
木《き》の蜜《みつ》を練《ね》りこんだりもする
手間《てま》がかかってるんだなー
弓《ゆみ》の片方《かたほう》につるをつけ踏《ふ》んで曲《ま》げながらもう一方《いっぽう》にもつるをつける
イテッ
ビイィン
これで完成《かんせい》だなっカッケー!!
それで
矢《や》はどうするんだ?
びよ〜ん
のばしすぎ…

矢《や》はオレたちのを貸《か》してやるよ
矢《や》も自分《じぶん》で作《つく》るのか？
もちろんさ！
石《いし》をシカの角《つの》などでたたいてうすくはぎ削《けず》って矢《や》じりを作《つく》る
角《つの》…
ほー
そしてまっすぐな竹《たけ》でできた矢柄《やがら》の先《さき》に縛《しば》りつけるワケ
この羽根《はね》はなんでついてるんだ？飾《かざ》り？

これがないと矢《や》がまっすぐに飛《と》ばないのさ
ふーん なるほどね
なあなあ試《ため》してみてもいい？
ああ
こっちに撃《う》たないでよ
ギリ
ギリ…
えいっ！
しゅぱっ
ドカッ
おおおお

あんな細《ほそ》い木《き》に命中《めいちゅう》させるなんてスゴイ!
ムム
ま……まーね
カカカカカ
ホントはとなりの岩《いわ》に当《あ》てようと思《おも》ったんだけど……
ボクだって負《ま》けるものか!
おっ
あれ?
キョロ
……
どこ行《い》った?
キョロ
ワーハハハ! どうだ! 計算通《けいさんどお》りだ!
オオ~
よし! じゃあ次《つぎ》は狙《ねら》ったところに当《あ》てられるように練習《れんしゅう》だ!
はーい
はーい
マグレだったのバレてたか……

キリ
キリ…
ガッ
ガッ
キリ…
――よし!
ふたりとも合格《ごうかく》だな
では――
狩《か》りに
出《で》かけるぞ
ザッ
ザッ
ザッ
獲物《えもの》
全然《ぜんぜん》見《み》つからない
なぁ
もう
2時間《じかん》くらい
歩《ある》いたんじゃないか?
言《い》ったじゃないか
このところ獲物《えもの》が
見《み》つからないって

ワシ！
ザザ
仕掛《しか》けておいたワナも見《み》てみたけど何《なに》もかかってなかった！
わ
いつのまに…
そうか……しかたないな
いや！ ノブが食《く》っちまった分《ぶん》オレたちが獲物《えもの》をとらないと！
オレたちは自然《しぜん》の恵《めぐ》みのおかげで生《い》きているんだ
獲物《えもの》がたくさんとれる時《とき》もあればとれない時《とき》もある――それを受《う》け入《い》れて生《い》きていくしかないんだ
ピクッ
ん？ どうしたイチ？
シュンオナラでもしたか？
ワシ！
ああ
どうやら獲物《えもの》が近《ちか》くにいるようだな……
チャッ

この様子《ようす》は——
1頭《とう》や2頭《とう》じゃないぞっ！
クンクン
ダダダッ
あっ
ワシ！見《み》てよ!!
こいつは——
たくさんいるね！ワシ!!

おおいっ 待《ま》ってくれよっ
たたたっ
オレたちにも 狩《か》らせろ～
ああ バ…… 声《こえ》が大《おお》きいよっ！
しまった！ 感《かん》づかれた!!
ドドドド…
イチ!!
ワンッ
ワン
ワッ
タタッ
ワッ
ドドドドド
しめた！ 戻《もど》ってくるぞ!!
ワッ
ワッ
くるっ
ダダダッ

来《き》たっ!!
ようし!
ここはオレたちが!
バッ
ヒュン
ヒュン
狩《か》る!!
ヒュン
ヒュン
おっと…
外《はず》したか
くそ〜
カキン
ドガッ
ああ!

やった!!
当《あ》たった!!
ついに獲物《えもの》を捕《つか》まえたぞ!
すごいぞ!
シュン…ネル……
なかなかやるな
ふたりとも……
——それにしても
これまでなかなか見《み》つからなかった獲物《えもの》があんなに出《で》てくるなんて——
どうしてだろう?
やったった～

縄文人《じょうもんじん》の道具《どうぐ》を見《み》てみよう 1

① 生活《せいかつ》を変《か》えた縄文土器《じょうもんどき》

土器《どき》は、縄文時代《じょうもんじだい》になってから発明《はつめい》された道具《どうぐ》で、食料《しょくりょう》の煮炊《にた》きや保存《ほぞん》などに使《つか》われました。

木《き》の実《み》などの中《なか》には、生《なま》のままでは食《た》べられないけれど、煮《に》ると食《た》べられるものがたくさんあります。動物《どうぶつ》の肉《にく》も、煮《に》れば食《た》べやすくなります。また、草《くさ》や木《き》の皮《かわ》を煮《に》ることで、糸《いと》や布《ぬの》、縄《なわ》も作《つく》れます。土器《どき》の発明《はつめい》は、縄文時代《じょうもんじだい》の人々《ひとびと》の生活《せいかつ》を大《おお》きく変《か》えたのです。

もの知《し》りコラム

時期《じき》によって形《かたち》はさまざま

縄文土器《じょうもんどき》の形《かたち》は、時期《じき》によって特徴《とくちょう》があります。デザインは、最初《さいしょ》の頃《ころ》は、縄《なわ》などで模様《もよう》をつけるだけで形《かたち》はシンプルでしたが、縄文時代《じょうもんじだい》の中期頃《ちゅうきごろ》には、派手《はで》な飾《かざ》りつけのものが増《ふ》えました。そして、再《ふたた》びシンプルになり、縄《なわ》の模様《もよう》もなくなりました。

底《そこ》の形《かたち》は、とがったものが多《おお》い時期《じき》や、平《たい》らなものが多《おお》い時期《じき》もありました。また、注《そそ》ぎ口《ぐち》がついたものなど、使《つか》い方《かた》に合《あ》わせたさまざまな形《かたち》も生《う》まれました。

草創期《そうそうき》～早期《そうき》

草創期《そうそうき》から早期《そうき》の土器《どき》は、底《そこ》がとがったものが多《おお》かった

下宿遺跡出土
太田市教育委員会蔵

中期《ちゅうき》

中期《ちゅうき》には、口《くち》に炎《ほのお》のように派手《はで》な装飾《そうしょく》のついた「火焔《かえん》型土器《がたどき》」が作《つく》られた

笹山遺跡出土
十日町市博物館蔵

後期《こうき》

後期《こうき》には、急須《きゅうす》のように注《そそ》ぎ口《ぐち》がついている土器《どき》も作《つく》られた

赤城村三原田遺跡出土
群馬県教育委員会蔵

②いろいろなことに使《つか》われた石器《せっき》

石器《せっき》は、獲物《えもの》を捕《つか》まえる矢《や》の先《さき》につける矢《や》じり、木《き》を切《き》るおの、料理用《りょうりよう》の包丁《ほうちょう》、木《き》の実《み》をすりつぶすための皿《さら》など、さまざまな場面《ばめん》で使《つか》われました。

縄文時代《じょうもんじだい》の前期《ぜんき》には、石《いし》を磨《みが》いて作《つく》った「磨製石器《ませいせっき》」が各地《かくち》に広《ひろ》まりました。磨製石器《ませいせっき》は、打《う》ち欠《か》いただけの石器《せっき》（打製石器《だせいせっき》）よりも切《き》れ味《あじ》がするどく、ものを切《き》ったりするのに役立《やくだ》ちました。

矢《や》じり
（矢《や》の先《さき》につける）

石斧《せきふ》
（木《き》を切《き》る）

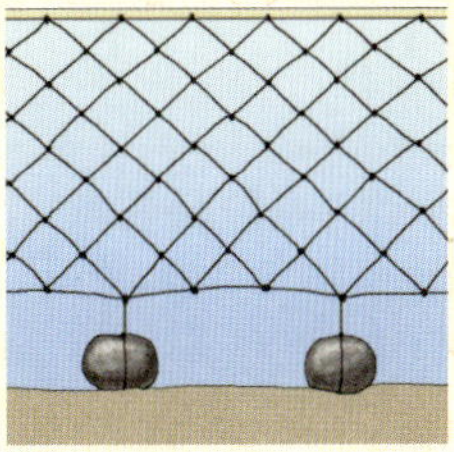

石錘《せきすい》
（魚《さかな》をとる網《あみ》などの重《おも》り）

石皿《いしざら》とすり石《いし》
（木《き》の実《み》をすりつぶす）

③まつりで使《つか》われた「土偶《どぐう》」

縄文時代《じょうもんじだい》の人《ひと》たちにとって、自然《しぜん》から恵《めぐ》みをもらい、災害《さいがい》がないように祈《いの》りをささげることは、とても大切《たいせつ》でした。そうしたまつりの時《とき》に使《つか》われたと考《かんが》えられるのが、土《つち》で作《つく》られた人形《にんぎょう》の「土偶《どぐう》」です。わざと壊《こわ》されているものが多《おお》いことから、自分《じぶん》たちの身代《みが》わりとしてささげ、健康《けんこう》や安全《あんぜん》を祈《いの》ったのではないかという説《せつ》もあります。

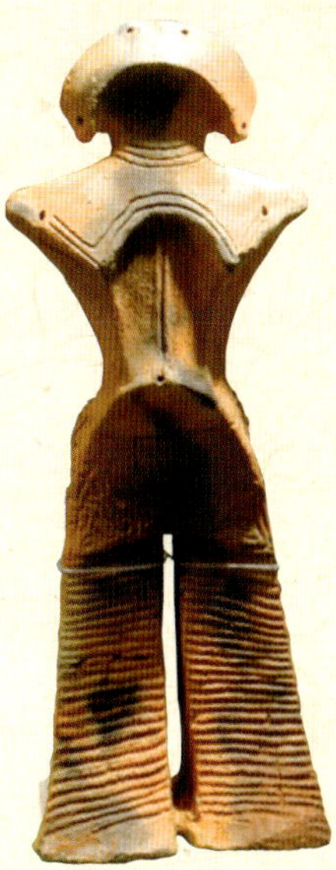

「縄文《じょうもん》の女神《めがみ》」と呼《よ》ばれる土偶《どぐう》。女性《じょせい》をかたどった土偶《どぐう》が多《おお》いのは、新《あら》たな命《いのち》を生《う》み出《だ》すことへの願《ねが》いからだと考《かんが》えられる
西ノ前遺跡出土
山形県立博物館蔵

5章《しょう》 ユイとノブが大活躍《だいかつやく》

オレたちは あの家《いえ》を つくってるんだ
屋根《やね》は 草《くさ》をかぶせたり 土《つち》で固《かた》めたりして つくるのさ
へー
竪穴住居《たてあなじゅうきょ》って いうのよね
居心地《いごこち》が いいよね
グラッ
危《あぶ》ない!!
グラァ
よけてーー!!

ノブ〜
グッジョ〜ブ
アー
あぶない
あぶない
NOB

お兄《にい》さん ありがとう
ありがとう ございます！
よくやって くれた ありがとう
ワイ ワイ
いやあ べつに お礼《れい》を言《い》われる ことは何《なに》も
でかしたわよ ノブ!!
あそこにあった 木《き》の実《み》を 守《まも》ろうとした だけなんだけど……
木《き》の実《み》かーい
コケッ
ノブは力持《ちからも》ちだな 家《いえ》づくりを手伝《てつだ》って くれんか？
でも…… 懐中時計《かいちゅうどけい》を 捜《さが》さないと……
心配《しんぱい》するな 家《いえ》づくりが終《お》わったら みんなで捜《さが》してやるよ
ムラのみなさんには 恩《おん》があるし 手伝《てつだ》ってあげま しょうよ
うん！
よろこんで！

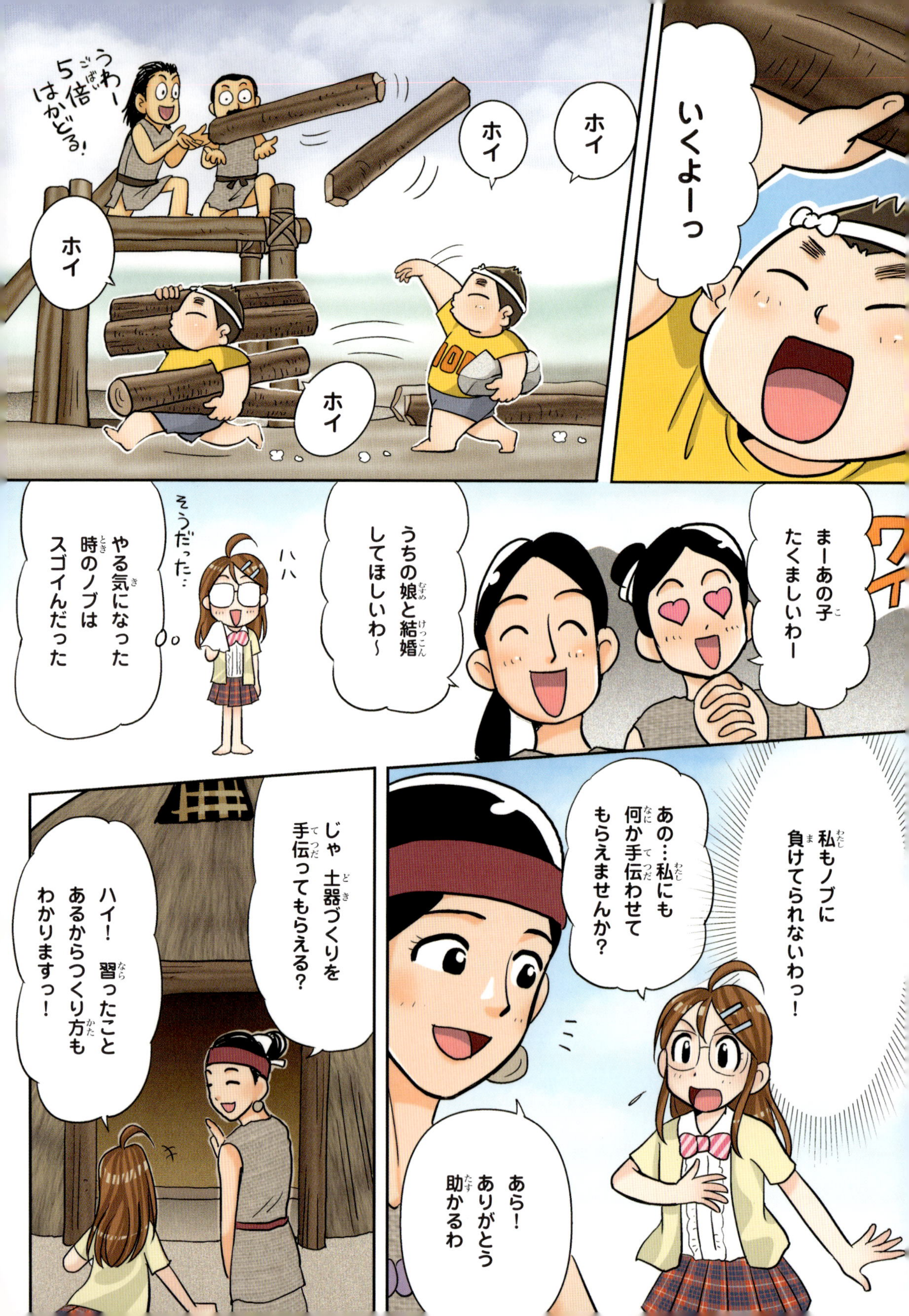
いくよーっ
ホイ
ホイ
ホイ
ホイ
うわー 5倍《ごばい》はかどる！
まーあの子《こ》たくましいわー
うちの娘《むすめ》と結婚《けっこん》してほしいわ～
ハハ
そうだった…
やる気《き》になった時《とき》のノブはスゴイんだった
私《わたし》もノブに負《ま》けてられないわっ！
あの…私《わたし》にも何《なに》か手伝《てつだ》わせてもらえませんか？
あら！ありがとう助《たす》かるわ
じゃ 土器《どき》づくりを手伝《てつだ》ってもらえる？
ハイ！ 習《なら》ったことあるからつくり方《かた》もわかりますっ！

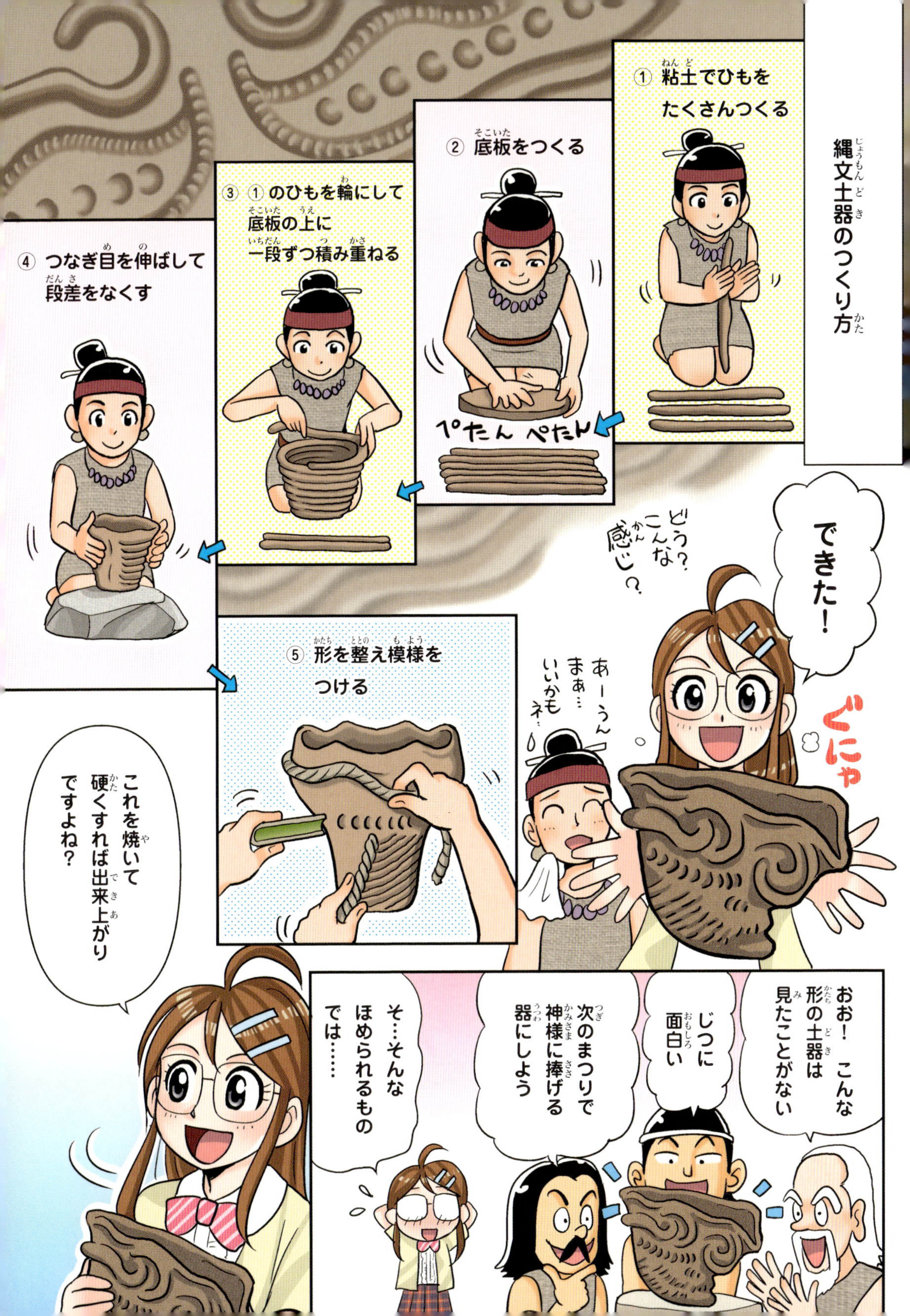
縄文土器《じょうもんどき》のつくり方《かた》
① 粘土《ねんど》でひもをたくさんつくる
② 底板《そこいた》をつくる
ぺたん ぺたん
③ ①のひもを輪《わ》にして底板《そこいた》の上《うえ》に一段《いちだん》ずつ積《つ》み重《かさ》ねる
④ つなぎ目《め》を伸《の》ばして段差《だんさ》をなくす
⑤ 形《かたち》を整《ととの》え模様《もよう》をつける
できた!
どう? こんな感《かん》じ?
ぐにゃ
あーうん まあ… いいかもネ…
これを焼《や》いて硬《かた》くすれば出来上《できあ》がりですよね?
おお! こんな形《かたち》の土器《どき》は見《み》たことがない
じつに面白《おもしろ》い
次《つぎ》のまつりで神様《かみさま》に捧《ささ》げる器《うつわ》にしよう
そ…そんなほめられるものでは……

そうよ
でも煮炊《にた》きする土器《どき》は貝《かい》で内側《うちがわ》をきれいに磨《みが》かないといけないの水《みず》が漏《も》れないようにね
ハイ コレでよろしく
へえ いろいろ工夫《くふう》があるんですね
キュキュ
焼《や》き始《はじ》めるのは形《かたち》をつくったあと30日《にち》くらいたってからね
きちんと乾燥《かんそう》させてからでないと焼《や》いてる時《とき》にひび割《わ》れたりするのよ
そうなんだぁ
どうしてですか?
……
土器《どき》づくりしてるのは女《おんな》の人《ひと》ばかりですね

そうよ 土器《どき》やかごを つくったり 布《ぬの》を織《お》ったり 料理《りょうり》したりするのは女《おんな》の仕事《しごと》
狩《か》りや魚《さかな》とり 狩《か》りの道具《どうぐ》やまつりの道具《どうぐ》をつくったり 家《いえ》をつくったりするのは男《おとこ》の仕事《しごと》ね
男女《だんじょ》で仕事《しごと》が分《わ》かれていたのね
あの人《ひと》は何《なに》をしているんですか?
布《ぬの》を織《お》っているの これも女《おんな》の仕事《しごと》ね ユイも手伝《てつだ》ってくれるかしら?
もちろん!

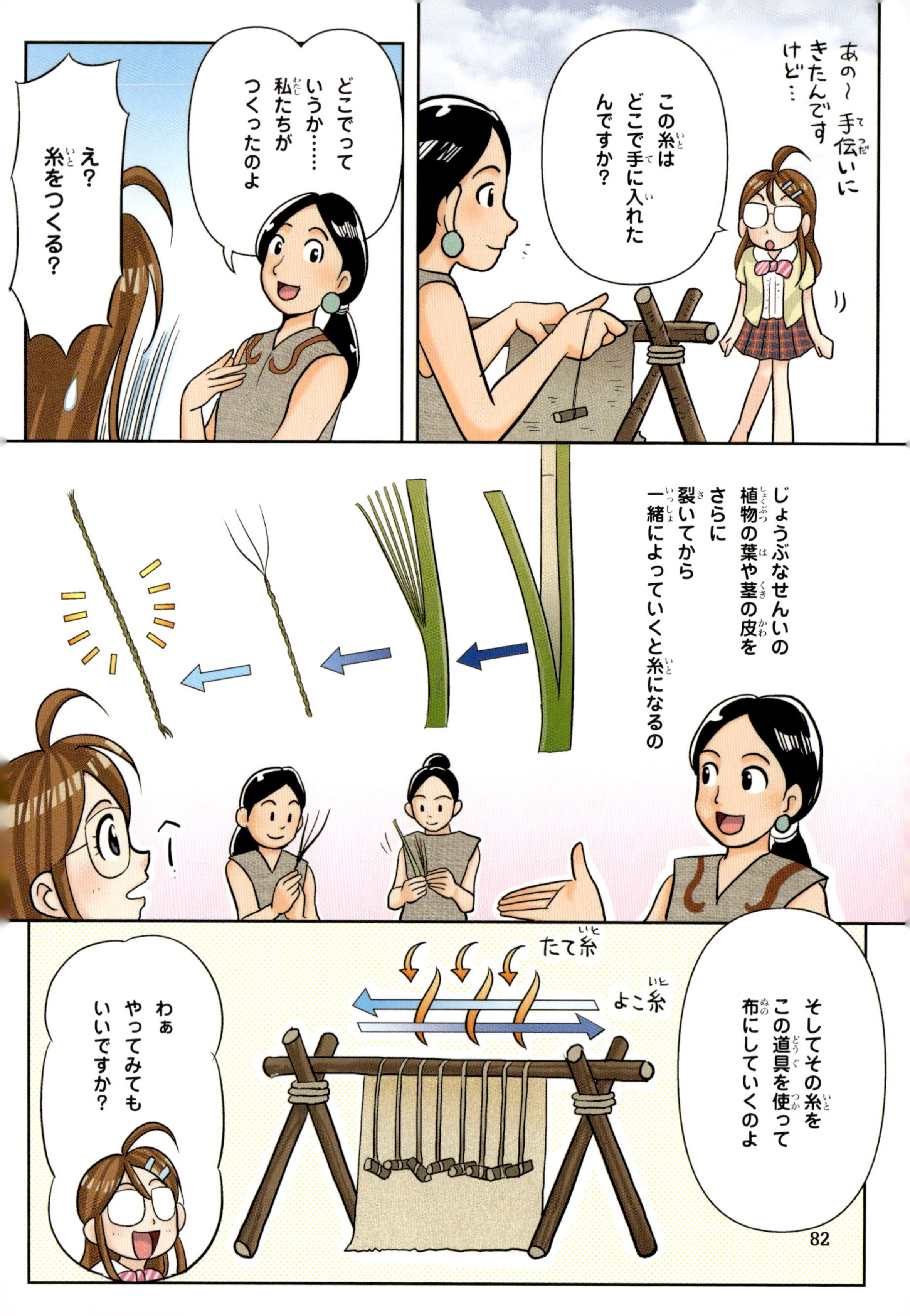
あの～ 手伝《てつだ》いに きたんです けど…
この糸《いと》は どこで手《て》に入《い》れた んですか?
どこでって いうか…… 私《わたし》たちが つくったのよ
え? 糸《いと》を つくる?
じょうぶなせんいの 植物《しょくぶつ》の葉《は》や茎《くき》の皮《かわ》を さらに 裂《さ》いてから 一緒《いっしょ》によっていくと糸《いと》になるの
へー
そしてその糸《いと》を この道具《どうぐ》を使《つか》って 布《ぬの》にしていくのよ
たて糸《いと》
よこ糸《いと》
わぁ やってみても いいですか?

できた！ …けど やっぱり変《へん》な形《かたち》に なっちゃった……
ハハ
びろ〜ん
初《はじ》めてにしては 上出来《じょうでき》よ！
おお！ 何《なん》と 不思議《ふしぎ》な 模様《もよう》の布《ぬの》だ
じつに 面白《おもしろ》い
次《つぎ》のまつりで 神様《かみさま》に捧《ささ》げる のに使《つか》おう
そんな ほめられる ものでは……
半分《はんぶん》イヤミに 聞《き》こえて きますけど…
ユイ 手伝《てつだ》いありがとう 家《いえ》づくりのほうもノブのおかげで もうすぐ終《お》わりそうだよ
いや〜 はかどる はかどる
ワイ ワイ
あとは 土《つち》を もって…
いえ…
ポツ
ポツ

ポツ
ポツ
雨《あめ》？
ザザー
ゴオオオオオ
嵐《あらし》だ!!
みんな家《いえ》の中《なか》に入《はい》れ！
ぐわぁあ
あっ……家《いえ》の屋根《やね》が！
バキィ
飛《と》ばされる！
ダッ

ぬおおお
がし
ゴオオオオオオ
ぱたん
オオオ
おおっ 戻《もど》した！
よし！ すぐ 固定《こてい》するんだ！
すごいぞ ノブ!!
ふう
ありがとう ノブ!! よくやった!!
NOB
おなか すいた

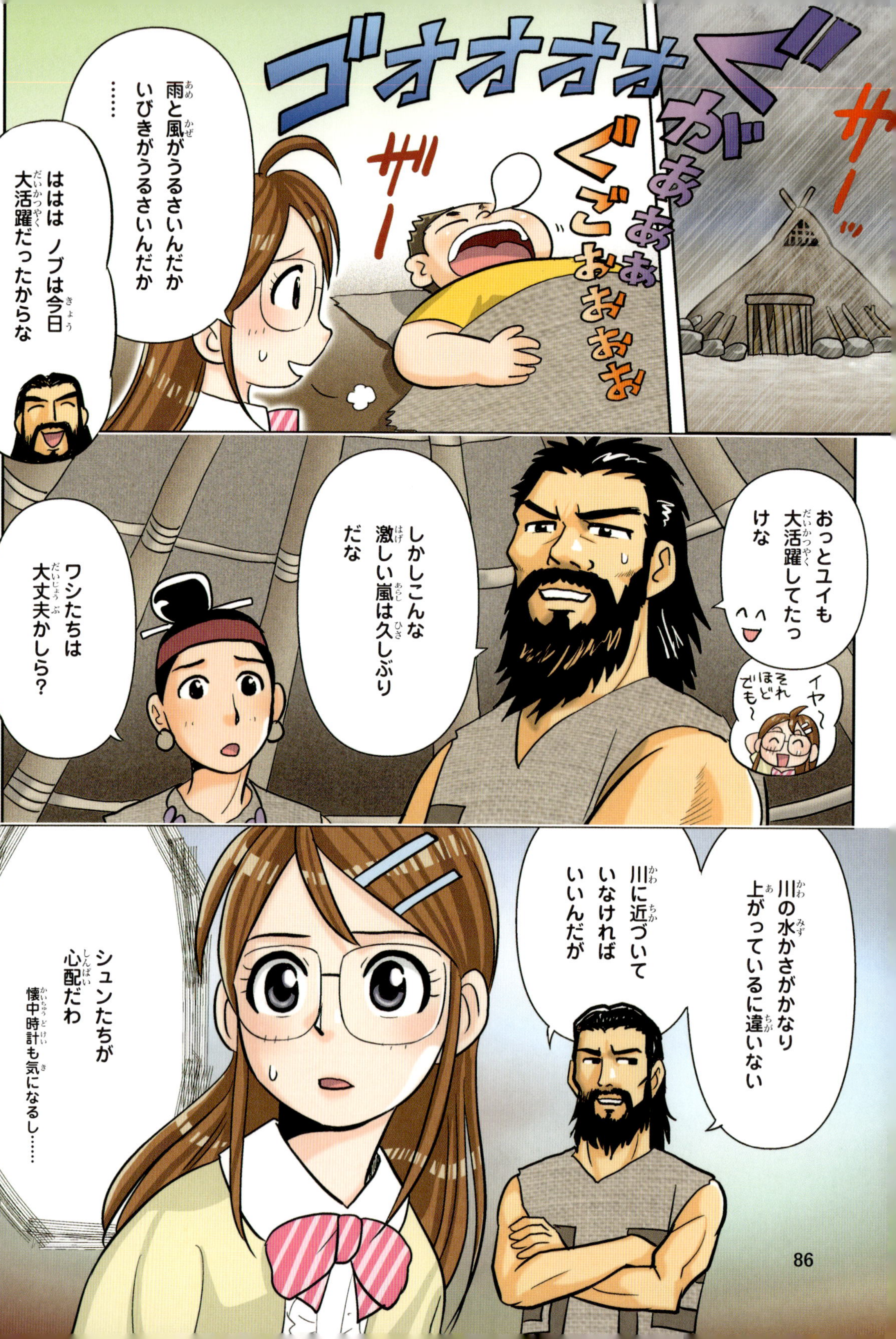
ゴオオオオ
ザー
ザーッ
があぁぁ
ぐごぉぉぉぉ
雨《あめ》と風《かぜ》がうるさいんだかいびきがうるさいんだか……
ははは ノブは今日《きょう》大活躍《だいかつやく》だったからな
おっとユイも大活躍《だいかつやく》してたっけな
イヤ〜それほどでも〜
しかしこんな激《はげ》しい嵐《あらし》は久《ひさ》しぶりだな
ワシたちは大丈夫《だいじょうぶ》かしら？
川《かわ》の水《みず》かさがかなり上《あ》がっているに違《ちが》いない
川《かわ》に近《ちか》づいていなければいいんだが
シュンたちが心配《しんぱい》だわ
懐中時計《かいちゅうどけい》も気《き》になるし……

ザーー
ゴオオオオオ
ビュオオオオ
ザーー

縄文人《じょうもんじん》の道具《どうぐ》を見《み》てみよう 2

①弓矢《ゆみや》の発明《はつめい》が狩《か》りを変《か》えた

狩《か》りに使《つか》う弓矢《ゆみや》は、縄文時代《じょうもんじだい》に発明《はつめい》された道具《どうぐ》です。縄文時代《じょうもんじだい》は、ゾウなどの大型動物《おおがたどうぶつ》が絶滅《ぜつめつ》しており、イノシシやシカなど、体《からだ》は小《ち》さくても動《うご》きがすばやい動物《どうぶつ》が多《おお》くいました。遠《とお》く離《はな》れた動《うご》いたものも狙《ねら》える弓矢《ゆみや》は、そんな獲物《えもの》を捕《つか》まえるのに役立《やくだ》ったのです。

新潟県立歴史博物館蔵

写真：ピクスタ

再現《さいげん》された縄文時代《じょうもんじだい》の弓矢《ゆみや》と、発掘《はっくつ》された矢《や》じり。弓《ゆみ》は、カヤやイヌガヤ、イチイなどの枝《えだ》が使《つか》われ、サクラの木《き》の皮《かわ》を巻《ま》いて補強《ほきょう》したものも見《み》つかっている。矢《や》はシノダケなどを使《つか》い、先《さき》には石《いし》で作《つく》った矢《や》じりがつけられた

もの知《し》りコラム

柵《さく》や落《お》とし穴《あな》も活用《かつよう》

弓矢《ゆみや》を使《つか》った狩《か》りは、ムラの男《おとこ》たちが集団《しゅうだん》で行《おこな》ったようです。あらかじめ柵《さく》や落《お》とし穴《あな》をつくっておき、大勢《おおぜい》で弓《ゆみ》矢《や》を射《い》ながら、犬《いぬ》を使《つか》って獲物《えもの》を追《お》いかけ、追《お》い込《こ》んで捕《つか》まえました。

落《お》とし穴《あな》の底《そこ》にはとがった木《き》が何本《なんぼん》も立《た》てられ、落《お》ちた動物《どうぶつ》は串刺《くしざ》しになりました。狩《か》りは、木《き》の実《み》などがとれない冬《ふゆ》に行《おこな》うことが多《おお》かったようです。

②釣《つ》り針《ばり》の材料《ざいりょう》はシカの角《つの》など

魚《さかな》を捕《つか》まえるのに使《つか》う釣《つ》り針《ばり》は、シカの角《つの》や骨《ほね》、イノシシの牙《きば》などを削《けず》って作《つく》りました。現在《げんざい》と同《おな》じく、内側《うちがわ》に「返《かえ》し」と呼《よ》ばれる小《ちい》さな突起《とっき》を作《つく》り、捕《つか》まえた魚《さかな》が逃《に》げないようにするなどの工夫《くふう》を加《くわ》えていました。

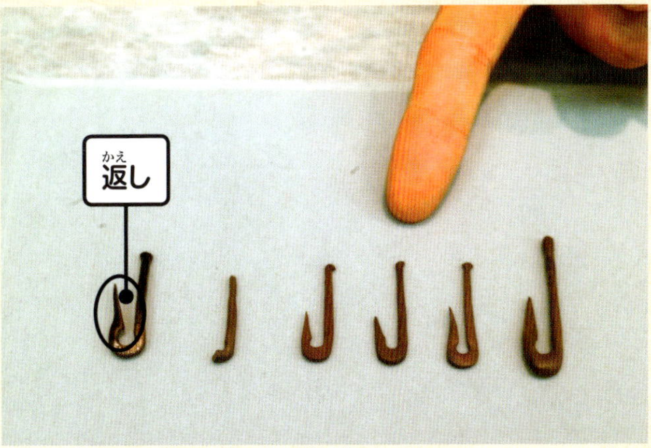

滋賀県《しがけん》の入江内湖遺跡《いりえないこいせき》から出土《しゅつど》した、縄文時代中《じょうもんじだいちゅう》〜後期《こうき》のものとみられる釣《つ》り針《ばり》

写真：朝日新聞社

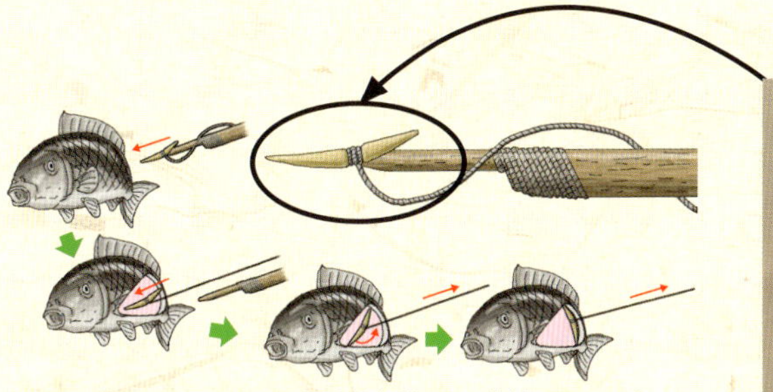

岩手県《いわてけん》の獺沢貝塚《うそざわかいづか》から出土《しゅつど》した回転式離頭《かいてんしきりとう》モリの先端《せんたん》。シカの角《つの》でできている。魚《さかな》が暴《あば》れても、先端《せんたん》はヒモにつながっていて柄《え》から外《はず》れるので逃《に》がさない

慶應義塾大学蔵

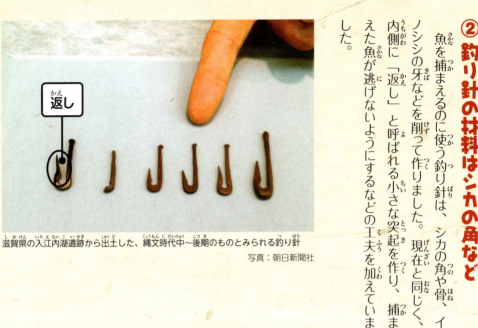

6章《しょう》 川《かわ》で 危機一髪《ききいっぱつ》！

――休《やす》もうあそこで
ズルズル
もうすぐ――ひどい嵐《あらし》になる
そうなのか?
えーなんでだよ
まだ疲《つか》れてないし狩《か》りはこれからだろ?
えーもっと狩《か》りしようよー
雨《あめ》なんて降《ふ》ってないじゃん!
ノブが食《た》べた分《ぶん》取《と》り返《かえ》さないといけないんだからさ
そーだそーだ
いやダメだ!!
ブーブー

ワシは雨《あめ》のにおいがわかる！ワシが嵐《あらし》になると言《い》ったら必《かなら》ずなるんだ！
クン クン
クンクン
負《ま》けないワン…
何《なん》だよ たかが嵐《あらし》だろ？ その時《とき》は雨宿《あまやど》りすればいいじゃん！
いいよ！ 狩《か》りの道具《どうぐ》も作《つく》ったし オレだけでも狩《か》りに行《い》くっ
え!?
シュン！ ボクも行《い》く！ 待《ま》て！
ダッ
タッ
シュン！ネル！
……
ザーッ
やっぱりワシの言《い》うこと聞《き》いてりゃよかったなあ
そらみたことか!!

チョーシいいなっ!
ネルだって
ワシの言《い》うこと
疑《うたが》ってただろう
いや
ボクはその
そんな……
ザー
ジリ…
あっ!
ざぱんっ
ズリッ
うわあああ
ゴオオ
ネル!!

ネル～!!
そこ持《も》つな～!!
ゴォォォ
ザァァァ
んなこと言《い》ったって…
ミシ ミシ
待《ま》ってろ～今《いま》引《ひ》き揚《あ》げて……
ぐぐ
ぐぐぐぐ
ポキッ
あ
へ?

うああああああ
ゴオオオオ
ザブ
ああ
な……
何《なに》か
ゴオオオ
がしっ
つかめる
もの……
ヤ〜〜〜
ガボボ
だっ
だれか……
ゴボッ
助《たす》けて!!

ザばあああ
シュン!!
ネル!!
ワシ!!
トビ!!

ザアアー
た……助《たす》かったぁ……
おまえたち ホントに 危《あぶ》ないところ だったぞ！
ワシ トビ 本当《ほんとう》にありがとう
ふたりがいなきゃ 今《いま》ごろ命《いのち》は なかったよ
ワシの言《い》うこと 信《しん》じないで 生意気《なまいき》言《い》って ゴメン！
そーだ そーだ
オレたちは自然《しぜん》の 恵《めぐ》みのおかげで 生《い》きている
わかればいい
でも雷《かみなり》や嵐《あらし》で 死《し》ぬこともある 自然《しぜん》を甘《あま》くみちゃ いけないんだ
ワン ワン

しかし
これほどの嵐《あらし》
とは……
いきなり獲物《えもの》が
出《で》てきたのも
嵐《あらし》の気配《けはい》を感《かん》じた
からか……
ザー
ユイたち
大丈夫《だいじょうぶ》かな？
――
そろそろやむか
えっ？
サー…
パアア
スゲーッ
ホントにやんだ
虹《にじ》だ！

キレイだな〜
ああ
さてと
じゃあ魚《さかな》をとりに行《い》くか!
魚《さかな》!?
キラン
どうやって?
このモリを使《つか》ってね
トビは魚《さかな》とりの名手《めいしゅ》だぞ
オレはここで獲物《えもの》の番《ばん》をしてるから3人《にん》で行《い》ってこいよ
魚《さかな》のいる場所《ばしょ》は季節《きせつ》によって違《ちが》うし1日《にち》の時間《じかん》や水《みず》の量《りょう》によっても違《ちが》うんだ
ザッ
ザッ
こんな嵐《あらし》のあとに魚《さかな》が集《あつ》まっているのは──
このあたりだ!
ザアアア

ざぁぁぁぁ
ココだ!!
ザッ
バシャ
おおっ さすが!
捕《つか》まえた!
バシャ
バシャ

ザッ
やった!
逃《に》げられた!
ああっ
へへっ まあ
見《み》てな
そりゃ
逃《に》げられたと
思《おも》っただろ?
でもモリの先《さき》に
ひもがついていて
柄《え》とつながっている
んだよ
くぃ
くぃ
だから逃《に》げられや
しねえ!
じたばた
どうして
そんな仕掛《しか》けに
しているんだ?
モリ先《さき》がついたまま
だと魚《さかな》が暴《あば》れて
モリが折《お》れちまう
ことがあるんだ
それを防《ふせ》ぐための
工夫《くふう》さ
わわ
バキ
何《なん》と!!

そして弱《よわ》った
ところで……
引《ひ》っ張《ぱ》り上《あ》げる！
よっと
やるなー
魚《さかな》とりにも
知恵《ちえ》が詰《つ》まって
いるんだな！
よーし オレも
負《ま》けてらんねーな
この釣《つ》りざお
貸《か》してくれ！
ああ！
それの使《つか》い方《かた》は……
大丈夫《だいじょうぶ》！ 大丈夫《だいじょうぶ》！
釣《つ》りならトクイ
なんだよ
えーっと
おっ
これがいい
ぶちっ
ぶちっ

っしゃ！
できた！
何《なん》だ？
それは？
ヒュン
くいっ
くいっ
まー
見《み》てなって
何《なん》だか
虫《むし》が飛《と》んでる
みたいだな
ついっ
ついっ

そう！虫《むし》だと思《おも》ったお魚《さかな》ちゃんが……
いただきまーす
食《く》いつく！
ぱくっ
おおっ
ぱしっ
しもたっ
へへっ
これフライフィッシングっていうんだぜ
すごいな！シュン オイラにも教《おし》えてくれ！
喜《よろこ》んで！
ばしゃ
ばしゃ
ワイワイ
おおーやったぞー
ガーン！
ネルが一番《いちばん》大物《おおもの》つりやがった
二人《ふたり》ともうまいな！

――その頃《ころ》
チチ…
カサッ
――何《なん》か用《よう》か？
ササッ
……
くか～

縄文人《じょうもんじん》の住《す》まいは？

① 定住生活《ていじゅうせいかつ》の始《はじ》まりと竪穴住居《たてあなじゅうきょ》

縄文時代以前《じょうもんじだいいぜん》の人々《ひとびと》は、決《き》まった家《いえ》に住《す》まず、食料《しょくりょう》となる動物《どうぶつ》などを求《もと》めて移動《いどう》しながら、洞窟《どうくつ》や岩《いわ》かげなどで生活《せいかつ》していました。

縄文時代《じょうもんじだい》になると、人々《ひとびと》はしだいに決《き》まった場所《ばしょ》に家《いえ》を建《た》てて暮《く》らす定住生活《ていじゅうせいかつ》を送《おく》るようになりました。家《いえ》の種類《しゅるい》はさまざまですが、最《もっと》も多《おお》かったのが、地面《じめん》を掘《ほ》り下《さ》げ、お皿《さら》のように浅《あさ》い穴《あな》をつくって床《ゆか》にする「竪穴住居《たてあなじゅうきょ》」です。

形《かたち》や素材《そざい》はいろいろ

竪穴住居《たてあなじゅうきょ》の床《ゆか》は円形《えんけい》が多《おお》いですが、楕円形《だえんけい》や長方形《ちょうほうけい》のものもあります。屋根《やね》の素材《そざい》は木《き》の皮《かわ》やカヤが多《おお》かったと考《かんが》えられますが、その上《うえ》にさらに土《つち》をのせたものもあったと考《かんが》えられています。

竪穴住居《たてあなじゅうきょ》の建《た》て方《かた》

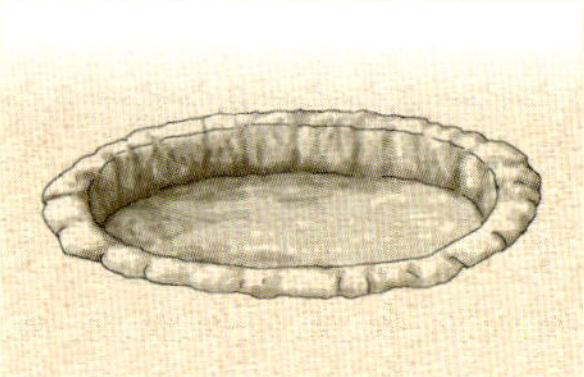
① 地面《じめん》に浅《あさ》い穴《あな》を掘《ほ》る

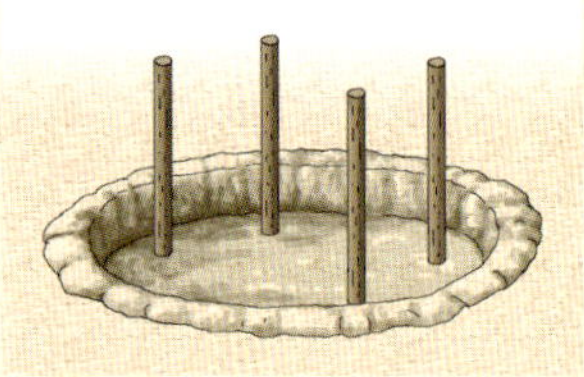
② 柱《はしら》を立《た》てる

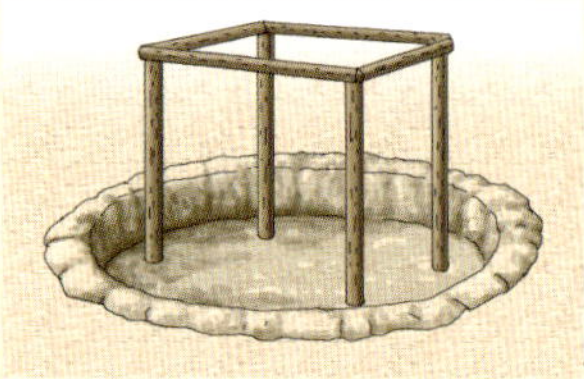
③ 柱《はしら》の上《うえ》に「はり」を組《く》む

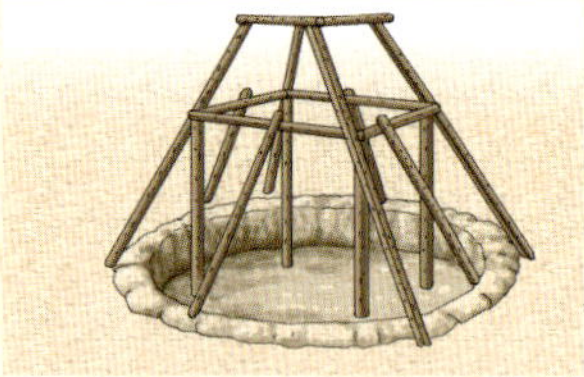
④ 屋根《やね》の骨組《ほねぐ》みをつくる

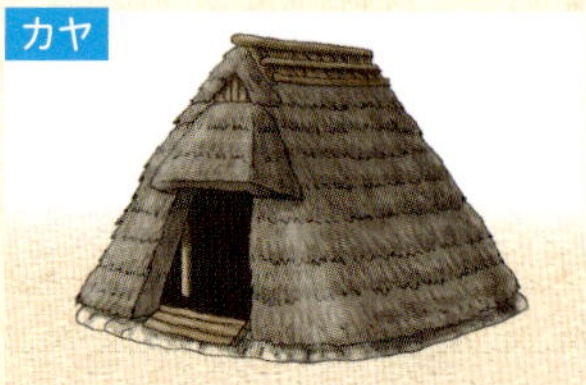

⑤ カヤ、木《き》の皮《かわ》、土《つち》などで屋根《やね》をつくる

② 竪穴住居《たてあなじゅうきょ》の暮《く》らし

竪穴住居《たてあなじゅうきょ》の中《なか》は真《ま》ん中《なか》に炉《ろ》がつくられ、料理《りょうり》だけでなく、明《あ》かりや暖房《だんぼう》の役割《やくわり》もあり、食事《しょくじ》も炉《ろ》のそばでとりました。地面《じめん》を掘《ほ》り下《さ》げているため、夏《なつ》は涼《すず》しく、冬《ふゆ》は暖《あたた》かい、過《す》ごしやすい住居《じゅうきょ》だったようで、平安時代《へいあんじだい》の頃《ころ》まで、庶民《しょみん》の住居《じゅうきょ》として建《た》てられていました。

復元《ふくげん》された竪穴住居《たてあなじゅうきょ》とその中《なか》での暮《く》らしの様子《ようす》

春日部市郷土資料館蔵

もの知《し》りコラム

高度《こうど》な建築技術《けんちくぎじゅつ》もあった！

縄文時代《じょうもんじだい》の竪穴住居《たてあなじゅうきょ》には、とても大《おお》きなものがありました。そこには、いくつもの家族《かぞく》が一緒《いっしょ》に住《す》んでいたり、共同作業場《きょうどうさぎょうば》のようなものだったのではないかと考《かんが》えられています。

また、丸太《まるた》を柱《はしら》として地面《じめん》につきたて、その上《うえ》に床《ゆか》をはり、屋根《やね》をのせた「掘立柱建物《ほったてばしらたてもの》」もありました。中《なか》には、2つの木材《もくざい》の組《く》み合《あ》わせる部分《ぶぶん》を削《けず》ってずれないようにする、高度《こうど》な技術《ぎじゅつ》が使《つか》われた建物《たてもの》もあります。

三内丸山遺跡《さんないまるやまいせき》の掘立柱建物《ほったてばしらたてもの》

写真：朝日新聞社

7章《しょう》
縄文《じょうもん》クッキングは工夫《くふう》がいっぱい！

シュンたち
大丈夫《だいじょうぶ》かしら……？
ワイ
ワイ
あっ！ オーイ
ユイ！ ノブ！
たくさん
食料《しょくりょう》とってきた
ぞ――――っ!!

すごい！やったわね！
ほれみろ！
へへーっ
シカも魚《さかな》もたくさんとれたぞ――!!
シュン！ごちそうたくさんありがと〜
ばっ
キャ
おっと
どさっ
お礼《れい》ならワシとトビに言《い》ってくれ！狩《か》りや漁《りょう》のやり方《かた》を一《いち》から教《おし》えてくれたんだ！

そうなのね！
ワシ！　トビ！
ありがとう
い、いや…
なんの
これしき
ズキューン
で　ユイたちのほうは？
懐中時計《かいちゅうどけい》は
見《み》つかったのか？
あ……
えーっと
その…
えー見《み》つかって
ないの？
帰《かえ》れない
じゃ～ん
まーまー
あんな嵐《あらし》じゃ
捜《さが》せっこ
ないだろ
ゴメーン
これは
見事《みごと》だ
よくやった
今日《きょう》は
この獲物《えもの》を
ごちそうに
宴《うたげ》を開《ひら》こう！
やった！
パーティーだ
ワイ
ワイ
……
ガサ

ゾリッ ゾリッ ゾリッ
ワシのお父《とう》さん
何《なに》をしているんですか?
石器《せっき》でシカの皮《かわ》をはいでいるんだ
えっ! 皮《かわ》もおいしいの?
いや 皮《かわ》は食《た》べないぞ
キミなら食《た》べられるかもしれないけど
しかし 捨《す》てはしない
冬《ふゆ》の寒《さむ》さを防《ふせ》ぐ服《ふく》の材料《ざいりょう》にもなる
骨《ほね》だって捨《す》てはしない
さっき使《つか》った釣《つ》り針《ばり》はシカの骨《ほね》から作《つく》ったんだぜ
あっ そうだったんだ!

自然《しぜん》からいただいたものにムダなものなどない！
すべてありがたく大切《たいせつ》に使《つか》わなくてはな
カッケ～！ワシの父《とう》さんカッケーよ！
そうだろ？そうだろ？
ガハハ
あんまり調子《ちょうし》に乗《の》るんじゃないわよ
お肉《にく》もってくわよ～
母《かあ》さんいつのまに
あ！お料理《りょうり》私《わたし》手伝《てつだ》います！

ユイが料理《りょうり》？
大丈夫《だいじょうぶ》かな……
ヨロッ
ガクッ
あら
慣《な》れぬ仕事《しごと》で疲《つか》れただろう
休《やす》むといい
てへへ…じゃお言葉《ことば》に甘《あま》えて……
……
バタッ
Zzz
くかーーっ
みんな疲《つか》れてたのね
ノブはさっきまでねてたはずだけど…
よーし がんばって おいしいもの つくらなきゃ！
ワイ
ワイ

じゃあ このくらいの大《おお》きさに 切《き》ってくれる？
はいっ
わっ 本物《ほんもの》の石器《せっき》!! でも本当《ほんとう》に切《き》れる のかな？
スパッ
わっ
スゴーイ
思《おも》ったより よく切《き》れるのねー この石《いし》
ゆび 切《き》りそーだった
ふふっ
これは黒曜石《こくようせき》という石《いし》で つくったものよ なめらかで 割《わ》ると 薄《うす》くて鋭《するど》くなるから 肉《にく》を切《き》ったりするのに ちょうどいいの
へーっ このあたりで 手《て》に入《はい》るんですか？
わたしも ほしいなー
いいえ
遠《とお》くのほうに 住《す》んでいる人《ひと》たちが 持《も》ってきてくれるの 食《た》べ物《もの》と交換《こうかん》しにね
そうなんですね
他《ほか》のムラとの 交流《こうりゅう》もあるのねー

さっ
これで切《き》り終《お》わったわね じゃ 土器《どき》で煮《に》ましょう
ゆうべの木《き》の実《み》の汁《しる》に今日《きょう》のお肉《にく》を入《い》れて……
ぐっ
ぐっ
うわっ おいしそ～ シチューみたい！
火《ひ》のまわりが良《よ》い
パチ
パチ
そうか！ 煮《に》るのに使《つか》う土器《どき》は底《そこ》がすぼまっていて火《ひ》の回《まわ》りがいいのね
今日《きょう》はたくさんお肉《にく》があるから別《べつ》の食《た》べ方《かた》もしましょう！
どう？ 準備《じゅんび》はいい？
いいわよ
パチ パチ
わっ！ 熱《あつ》そうな石《いし》～！
ゴロン
しゅううう

この上《うえ》に
お肉《にく》を
置《お》くと――
じゅううう
やーん!
焼《や》き肉《にく》だ～!
ノブたちが起《お》きる
前《まえ》に一口《ひとくち》だけ……
こりゃあ焼《や》き肉《にく》というより
ステーキだな～
たまらないぃぃ!!
てか今《いま》、先《さき》にひとりで
一口《ひとくち》食《た》べようとしてた
だろ?
ユイ
バッ
バカね
そんな
ことするわけない
でしょ!
じゅううう
ムッ!?
くん
くん
くん
じゅる
お…起《お》きたの?
これは――
焼《や》き魚《ざかな》の
ニオイ!!
は…はい
そして
ここにも
魚料理《さかなりょうり》が……
?
石《いし》に水《みず》を
かけてる
だけじゃん?
NOB
じゅう

いや！このアツアツの石《いし》の下《した》には——
アチアチ
まだ熱《あっ》いわよ～
ぱっぱっ
ほうら！葉《は》っぱで包《つつ》んだお魚《さかな》が！
あら正解《せいかい》お魚《さかな》を蒸《む》していたのよ
本当《ほんとう》だ!!
さらにココーーッ!!
ざざっ
ただの穴《あな》じゃん？
？
キラン
いや！このニオイ……これは……ベーコン!!
くんくん
ひょこっ
縄文時代《じょうもんじだい》にベーコン？
何《なに》をしてたんですか？
穴《あな》の中《なか》で火《ひ》をたいて肉《にく》を煙《けむり》でいぶしていたのよ
こうしておくと肉《にく》が長持《ながも》ちするの

あ！ くんせい？ てことはベーコン みたいなものね
ノブすげぇぇ
ぱやーーん
こっちは…… クッキー？ 甘《あま》くはなさそうだけど……
ひとつ 食《た》べる？
いただきます！
木《き》の実《み》などを すりつぶして固《かた》めて 焼《や》いているのよ
じゃあやっぱり クッキーみたいな ものね
煮《に》ものに焼《や》きもの 蒸《む》し焼《や》きにくんせい クッキーまで
縄文時代《じょうもんじだい》にこんなに いろいろな料理《りょうり》が あったなんて 知《し》らなかったわ！
スゴィ…
ピタッ
ん？ どした？ ノブ
おなかすいたぁぁ
ヘナヘナ
だよな！ おいしそうなニオイ ばっかりだもんな
ワハハハ

ワイ
ワイ
おいし～
わっ 何《なん》だよ
ちょっと そっちのお肉《にく》 ひとつ ちょーだい
ちょっとまて！
コラ！ ボクの肉《にく》 食《た》べただろ！
ホントに 食《た》べたら 止《と》まらない ねー
こんなに 楽《たの》しい食事《しょくじ》は 久《ひさ》しぶりね
ああ まったくだ
あー たべたた また
ワイ
今日《きょう》は本当《ほんとう》に よく獲物《えもの》が とれたよね！
ああ
ワイ

ワイ
ワイ
ワハハハ
ノソ
そのベーコンどうするつもり？

貝塚《かいづか》って何《なに》？

①縄文時代《じょうもんじだい》のゴミ捨《す》て場《ば》

縄文時代《じょうもんじだい》の遺跡《いせき》の中《なか》には、貝《かい》がらなどがとてもたくさん積《つ》もっている場所《ばしょ》があります。これを「貝塚《かいづか》」といい、「縄文人《じょうもんじん》のゴミ捨《す》て場《ば》」だといわれています。日本《にほん》には縄文時代《じょうもんじだい》の貝塚《かいづか》が約《やく》2400カ所《しょ》あります。

千葉県《ちばけん》・加曽利貝塚《かそりかいづか》の貝層《かいそう》の断面《だんめん》。貝《かい》がびっしりと積《つ》もっている
写真：朝日新聞社

②食生活《しょくせいかつ》を知《し》る貴重《きちょう》な遺跡《いせき》

貝塚《かいづか》にあるのはほとんど貝《かい》がらですが、動物《どうぶつ》や魚《さかな》の骨《ほね》なども見《み》つかっています。骨《ほね》は、ふつう、土《つち》の中《なか》ではしばらくするととけて消《き》えてしまいます。しかし、貝《かい》がらに含《ふく》まれるカルシウム分《ぶん》には、骨《ほね》がとけるのを防《ふせ》ぐはたらきがあるため、貝塚《かいづか》の中《なか》の骨《ほね》などは残《のこ》るのです。貝塚《かいづか》は、縄文時代《じょうもんじだい》の人《ひと》たちが何《なに》を食《た》べていたかがわかる、貴重《きちょう》な遺跡《いせき》なのです。

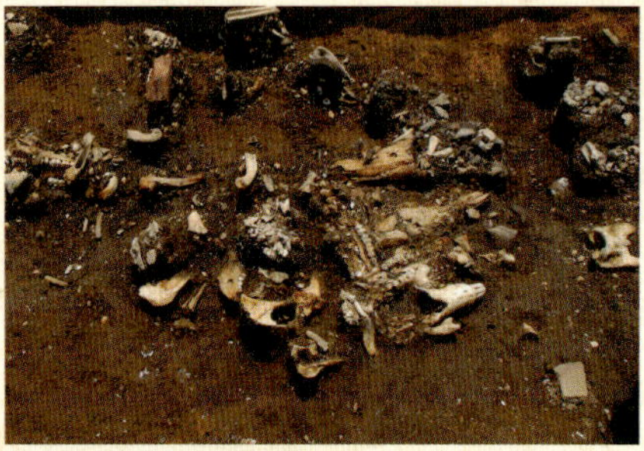
千葉県《ちばけん》・取掛西貝塚《とりかけにしかいづか》から見《み》つかったイノシシの骨《ほね》
写真提供：船橋市教育委員会

宮城県《みやぎけん》・波怒棄館遺跡《はぬきだていせき》の貝塚《かいづか》から見《み》つかったマグロの骨《ほね》
気仙沼市教育委員会蔵

③ ただの「ゴミ捨《す》て場《ば》」ではない？

貝塚《かいづか》からは、食《た》べ終《お》わったカスや使《つか》い終《お》わった土器《どき》、土偶《どぐう》、石器《せっき》などだけでなく、犬《いぬ》や人間《にんげん》の骨《ほね》のように、ゴミとは考《かんが》えにくいものも見《み》つかっています。そこで、貝塚《かいづか》はただのゴミ捨《す》て場《ば》ではなく、役目《やくめ》を終《お》えたものに対《たい》して感謝《かんしゃ》をし、また戻《もど》ってくるように願《ねが》う儀式《ぎしき》の場《ば》だったのではないかとも考《かんが》えられています。

もの知《し》りコラム

汽車《きしゃ》の窓《まど》から貝塚《かいづか》を発見《はっけん》

日本《にほん》で初《はじ》めて学術的《がくじゅつてき》な調査《ちょうさ》がされた貝塚《かいづか》は、東京都《とうきょうと》にある大森貝塚《おおもりかいづか》です。明治時代《めいじじだい》に、東京大学《とうきょうだいがく》で動物学研究《どうぶつがくけんきゅう》のために来日《らいにち》したアメリカ人《じん》のモースは、横浜《よこはま》から東京《とうきょう》に向《む》かう汽車《きしゃ》に乗《の》っていた時《とき》、窓《まど》の外《そと》に貝《かい》がらの山《やま》があることに気《き》づきました。モースはこれを貝塚《かいづか》だと直感《ちょっかん》し、発掘調査《はっくつちょうさ》を行《おこな》いました。これが日本《にほん》の考古学《こうこがく》の始《はじ》まりといわれます。

大森貝塚《おおもりかいづか》の近《ちか》くのモースの像《ぞう》　写真：朝日新聞社

もの知《し》りコラム

大型貝塚《おおがたかいづか》は貝加工工場《かいかこうこうじょう》？

貝塚《かいづか》の中《なか》には直径《ちょっけい》100mを超《こ》えるものもあります。こうした大型貝塚《おおがたかいづか》では、大《おお》きなたき火《び》のあとや、煮《に》るために使《つか》った土器《どき》のかけらがたくさん発見《はっけん》されています。

このことから、大型貝塚《おおがたかいづか》はゴミ捨《す》て場《ば》ではなく、多《おお》くのムラから人《ひと》が集《あつ》まって干《ほ》し貝《がい》を作《つく》る、加工工場《かこうこうじょう》だったのではないかとも考《かんが》えられています。作《つく》られた干《ほ》し貝《がい》は、自分《じぶん》たちで食《た》べるだけでなく、別《べつ》の地方《ちほう》の特産品《とくさんひん》などと交換《こうかん》する交易品《こうえきひん》として使《つか》われたかもしれません。

日本最大級《にほんさいだいきゅう》の加曽利貝塚《かそりかいづか》

写真提供：千葉市立加曽利貝塚博物館

8章《しょう》 懐中時計《かいちゅうどけい》が見《み》つかったけど……

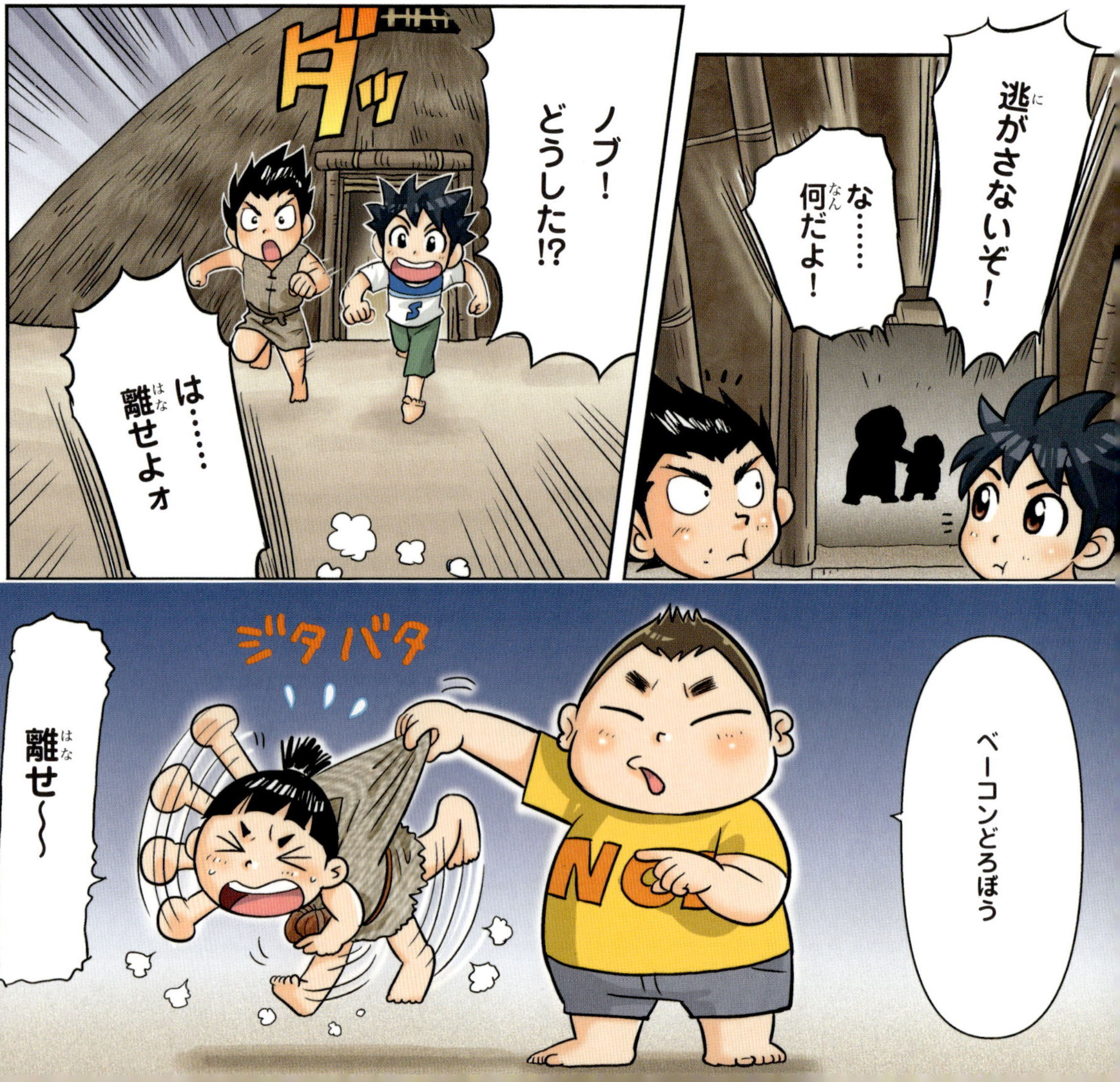

ベーコン返《かえ》せ〜〜
ぐるぐる
わ
わ
うりゃ
うりゃ
NOB
お…落《お》ち着《つ》け
ノブ……
森《もり》の中《なか》からずっと見《み》てたのはおまえだったのか
ずっと?
よっぽど腹《はら》が減《へ》ってたんだな
オイラたちだって昨日《きのう》まで獲物《えもの》少《すく》なくて腹《はら》すかせてたんだ わかるぜ
ほら これでも食《た》べなよっ
あ……
うまいぞ
ありが……
ベーコンは返した。
な……何《なに》があったの?

オラの名《な》は「ケラ」
オラのムラはずーっと先《さき》の山奥《やまおく》にあって黒曜石《こくようせき》がたくさんとれるんだ
だからあちこちの土地《とち》へ出《で》かけては皮《かわ》や肉《にく》とかと交換《こうかん》してもらってるんだ
山奥《やまおく》のムラの少年《しょうねん》
ケラ
黒曜石《こくようせき》……肉《にく》を切《き》る石器《せっき》に使《つか》っていた石《いし》ね
オラは小《ちい》さいからこれまでは留守番《るすばん》だったんだけど
今回《こんかい》初《はじ》めて連《つ》れてきてもらえてすげーうれしかったんだ
いくぞケラ!
でも――

ザァアアア
しっかりつかまってろよ ケラー
うわぁ
父《とう》ちゃん こわいよー 帰《かえ》ろーよー
ゴオオオオ
心配《しんぱい》ない こんな天気《てんき》 大《たい》したこたぁねぇ!
ガハハ
ざっぱぁああ
わー
あー
バキィイ
あー
ゴオオオオ

ハッ！父《とう》ちゃん!?
どこにいるんだ父《とう》ちゃん!?
父《とう》ちゃーん！
——というわけで父《とう》ちゃんとはぐれちまったんだ……
ぐすっ
そりゃあかわいそうに
つらかったわねー
ケラ
お父《とう》さんと離《はな》ればなれになるなんて……
大切《たいせつ》な石《いし》もなくしてしまったのか
おなかもとってもすいてたんだね
クッキー食《た》べる?
でも人《ひと》のものを盗《ぬす》むのはいけないぞ
う…うん
その通《とお》りだ
ピクッ

だが キミたちが持《も》って
きてくれる黒曜石《こくようせき》が
どんなに役立《やくだ》っていることか
オレたちは
家族《かぞく》みたいなもの
困《こま》った時《とき》は助《たす》け合《あ》う
のが当《あ》たり前《まえ》だ！
はっ
ありがとう！
カッケ〜！
ワシの父《とう》さん
やっぱカッケ〜！
そうだろ？
そうだろ？
キキ
決《き》まってた？
決《き》まっちゃってた？
調子《ちょうし》に
乗《の》らない！
調子《ちょうし》に
乗《の》せない！
ナハ
テヘ
とにかく！
お父《とう》さんが見《み》つかるまで
このムラにいていいからね
はいっ!!
キャー
お母《かあ》サマ
やさし〜
女神《めがみ》みたいっ
そう？
そう？
イケてた？
イケちゃってた？
キャー
もも
もも
似《に》たもの
同士《どうし》たち……

いやーー 食《く》った食《く》った
ひさしぶりに おなかいっぱい 食《た》べたよ
みんな 食《た》べ終《お》わった もの持《も》って ついてきな
ザッ
ザッ
何《なん》だ? ココ
貝塚《かいづか》ね 食《た》べたあとの貝《かい》がら とかを捨《す》てるところよ
あー ゴミ捨《す》て場《ば》 みたいなものか

いや！ただ捨《す》てるわけじゃない
役目《やくめ》を終《お》えたものが再《ふたた》び命《いのち》を得《え》てよみがえることを祈《いの》る場所《ばしょ》なんだ
おっ！ ワシもカッコイイこと言《い》うじゃんか！さすが親子《おやこ》だね！
このこの〜
ちゃかしてばっかり
もーよしなよォ
えっ
そんなつもりではない！
いやー しかしホントにいろんなものがあるなぁ
暮《く》らしを支《ささ》えてくれたものはほとんどここに入《い》れるんだ
貝《かい》がらとか骨《ほね》とか
折《お》れた矢《や》とか壊《こわ》れた土器《どき》とかー
あ！懐中時計《かいちゅうどけい》もあるよ
へーそれはめずらし……

か…懐中時計《かいちゅうどけい》〜〜!?
そっか…
きっと
だれかが拾《ひろ》って 貝塚《かいづか》に
持《も》ってきたのね
ポロ
落《お》とした人《ひと》
ホントに
オレたちの
懐中時計《かいちゅうどけい》だ!
よし!
これで
元《もと》の世界《せかい》に
帰《かえ》れるぞ!
ザザッ
はやっ
ナイスシュン
あ

オイオイオイ壊《こわ》れちゃってるよォ〜〜どーする？どーする？
え〜
どうして〜〜？
そうか…落《お》ちただけじゃなく…
きっとだれかがふんづけちゃったのね
イエ〜
バキッ
どうしよう
このままじゃ帰《かえ》れないよ——！
フフ…大丈夫《だいじょうぶ》だっ!!ボクに任《まか》せろ！
タイムマシンの修理《しゅうり》は未来《みらい》では必修科目《ひっしゅうかもく》だ！
おまえたちはだまって見《み》てなっ
マジかよ〜
ホント？
エラそうに…

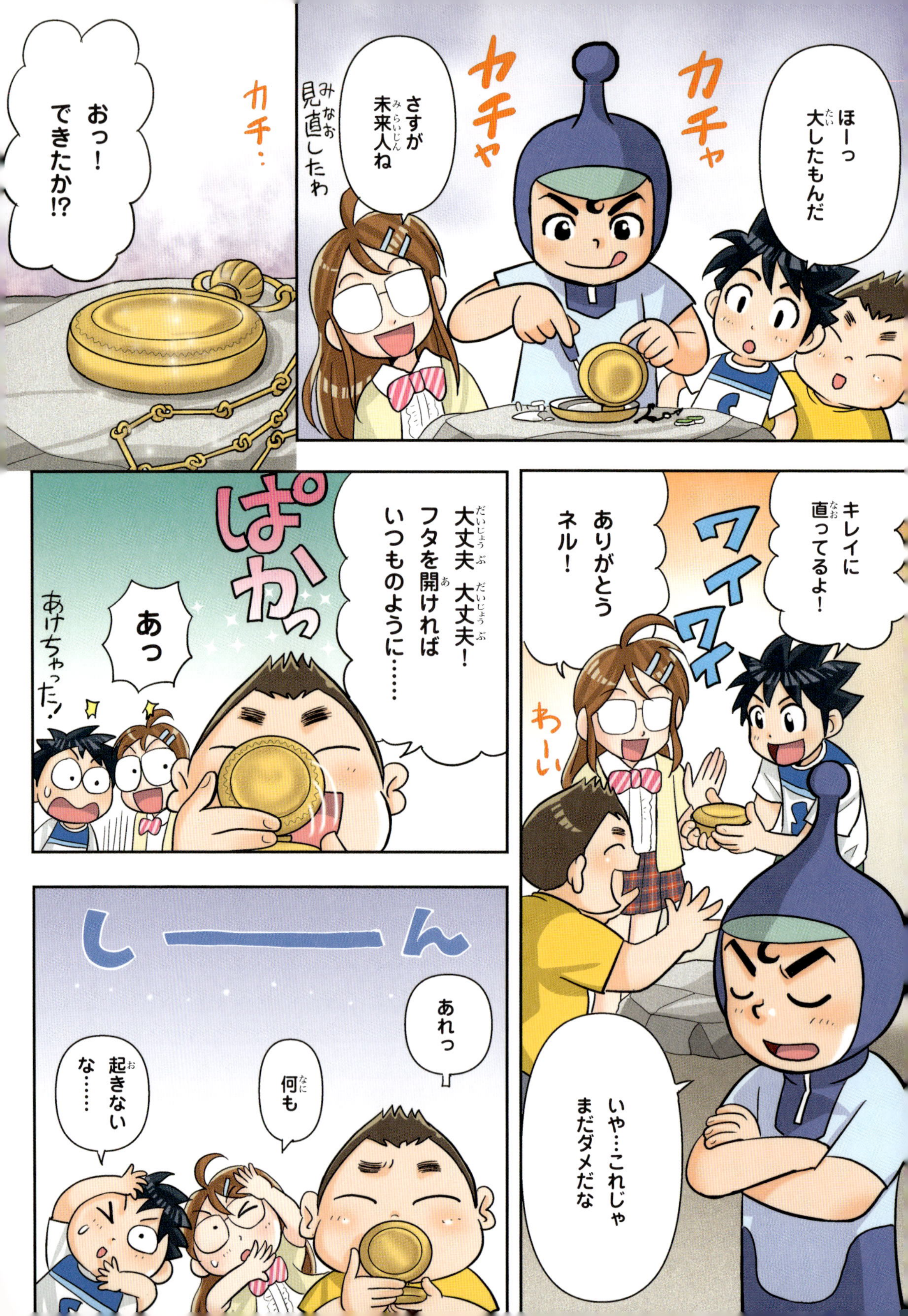
ほーっ 大《たい》したもんだ
カチャ
カチャ
さすが 未来人《みらいじん》ね
見直《みなお》したわ
カチ…
おっ！ できたか!?
キレイに 直《なお》ってるよ！
ワイワイ
ありがとう ネル！
わーい
いや…これじゃ まだダメだな
大丈夫《だいじょうぶ》 大丈夫《だいじょうぶ》！ フタを開《あ》ければ いつものように……
ぱかっ
あっ
あけちゃった！
しーーん
あれっ
何《なに》も
起《お》きない な……

部品《ぶひん》がひとつ……水晶《すいしょう》＊でできたパーツがなくなってるんだ
＊水晶《すいしょう》＝石英《せきえい》という石《いし》の結晶《けっしょう》
水晶《すいしょう》ってあの宝石《ほうせき》の？
ああ 実《じつ》は水晶《すいしょう》っていうのは電圧《でんあつ》をかけると規則的《きそくてき》に細《こま》かく振動《しんどう》する
それを利用《りよう》することで 時計《とけい》は正確《せいかく》な時間《じかん》を刻《きざ》めるんだ
ピピピ
へーっ
未来《みらい》の時計《とけい》ってスゲーんだな
私《わたし》たちが使《つか》ってる時計《とけい》だって水晶《すいしょう》は使《つか》われているわよ
クオーツ時計《どけい》がそうよ
そーなの!?
小《ちい》さい部品《ぶひん》だからどこかにまぎれてしまったんだな
貝塚《かいづか》に…
じゃ 代《か》わりの水晶探《すいしょうさが》せばいいじゃん!
そんな簡単《かんたん》に見《み》つかるもんじゃないわよー
あの……

水晶《すいしょう》なら オラ……
黒曜石《こくようせき》と一緒《いっしょ》に 持《も》ってきた
石英《せきえい》もよく とれるんだよ
本当《ほんとう》に!?
それがあれば 懐中時計《かいちゅうどけい》を 直《なお》せるぞ!
でも川《かわ》に 流《なが》されちゃった……
あっ そうか そうだったな
じゃあ ──
捜《さが》しにいく しかないな

そうね！
離《はな》ればなれになった
あなたのお父《とう》さんも
捜《さが》さないとね！
ホント!?
モチロン！
ボクも
おなかいっぱい
食《た》べたから
大丈夫《だいじょうぶ》！
ベーコンを
お弁当《べんとう》に
もってくしね
オレたちも
力《ちから》を貸《か》すぜ
よし！ みんなで
出発《しゅっぱつ》だ!!
オー
あ でも出発《しゅっぱつ》は
明日《あす》の朝《あさ》ね！
もう夜《よる》だし
くかーっ
ねるのはやッ

縄文時代《じょうもんじだい》の「交易《こうえき》」

①縄文時代《じょうもんじだい》の人々《ひとびと》の生活範囲《せいかつはんい》

今《いま》のように交通《こうつう》の発達《はったつ》していない縄文時代《じょうもんじだい》は、遠《とお》くへの移動《いどう》は大変《たいへん》なことだったでしょう。縄文時代《じょうもんじだい》の移《い》動手段《どうしゅだん》は歩《ある》きか、海《うみ》や川《かわ》の場合《ばあい》は丸木舟《まるきぶね》でした。

縄文時代《じょうもんじだい》の人々《ひとびと》は、日常生活《にちじょうせいかつ》では、狩《か》りや漁《りょう》に行《い》く時《とき》でも、自分《じぶん》の村《むら》を中心《ちゅうしん》に半径数《はんけいすう》kmほどの範囲《はんい》で暮《く》らしていたと考《かんが》えられています。

狩《か》りをしに行《い》って
1日《にち》で戻《もど》って
こられるくらいの
範囲《はんい》さ

②遠《とお》くの地域《ちいき》との交流《こうりゅう》

しかし、縄文時代《じょうもんじだい》の人々《ひとびと》が、もっと遠《とお》くの地域《ちいき》と交《こう》流《りゅう》していたこともわかっています。

たとえば、長野県《ながのけん》でとれる黒曜石《こくようせき》を使《つか》った石器《せっき》が、遠《とお》く離《はな》れた青森県《あおもりけん》の縄文時代《じょうもんじだい》の遺跡《いせき》で発見《はっけん》されることがあります。また、縄文時代《じょうもんじだい》のアクセサリーによく使《つか》われるひすいという石《いし》は、新潟県《にいがたけん》・糸魚川《いといがわ》の周辺《しゅうへん》でよいものがとれます。この糸魚川産《いといがわさん》のひすいが使《つか》われたアクセサリーが、やはり青森県《あおもりけん》の縄文時代《じょうもんじだい》の遺跡《いせき》から発見《はっけん》されています。このほかに、山梨県産《やまなしけんさん》の水晶《すいしょう》も、産地《さんち》から遠《とお》く離《はな》れたたくさんの地域《ちいき》で見《み》つかっています。

これらのことから、縄文時代《じょうもんじだい》の人々《ひとびと》は交易《こうえき》を行《おこな》っていたと考《かんが》えられています。交易《こうえき》といっても、当時《とうじ》はお金《かね》はまだ使《つか》われていないので、物々交換《ぶつぶつこうかん》でした。

石器《せっき》は大事《だいじ》な道具《どうぐ》
だから よい石器《せっき》を
作《つく》るためには
よい石《いし》を手《て》に入《い》れ
ないといけない
んだ!

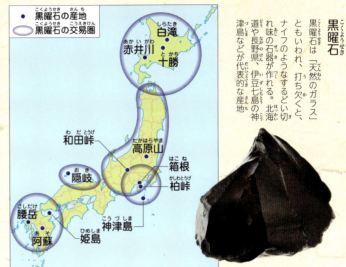

黒曜石《こくようせき》とひすいの主《おも》な産地《さんち》と「交易《こうえき》」の範囲《はんい》

思《おも》った以上《いじょう》に
広《ひろ》い範囲《はんい》で
交流《こうりゅう》しているん
だなあ……

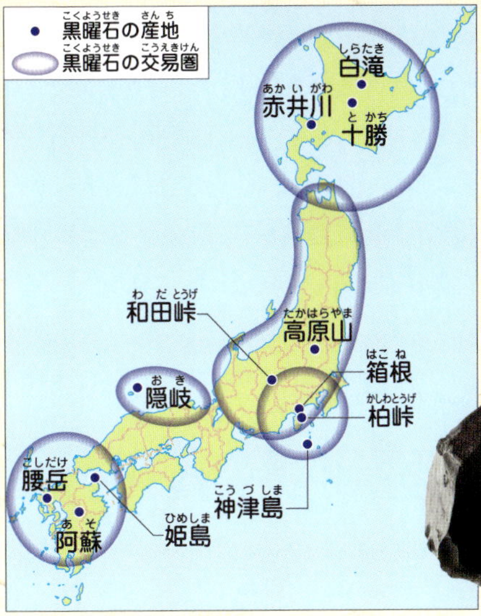
黒曜石《こくようせき》の産地《さんち》
黒曜石《こくようせき》の交易圏《こうえきけん》
白滝《しらたき》
赤井川《あかいがわ》
十勝《とかち》
和田峠《わだとうげ》
高原山《たかはらやま》
箱根《はこね》
隠岐《おき》
柏峠《かしわとうげ》
腰岳《こしだけ》
神津島《こうづしま》
阿蘇《あそ》
姫島《ひめしま》

黒曜石《こくようせき》

黒曜石《こくようせき》は「天然《てんねん》のガラス」ともいわれ、打《う》ち欠《か》くと、ナイフのようなするどい切《き》れ味《あじ》の石器《せっき》が作《つく》れる。北海道《ほっかいどう》や長野県《ながのけん》、伊豆七島《いずしちとう》の神津島《こうづしま》などが代表的《だいひょうてき》な産地《さんち》

美《うつく》しいものを
手《て》に入《い》れたい
気持《きも》ちは今《いま》も
昔《むかし》も同《おな》じなのね

ひすいの産地《さんち》
ひすいの交易圏《こうえきけん》
橋立《はしだて》
小滝川《こたきがわ》

ひすい

宝石《ほうせき》の一種《いっしゅ》で、緑色《みどりいろ》をしている。アジアの人々《ひとびと》にはとくに人気《にんき》がある。縄文人《じょうもんじん》が世界《せかい》で最《もっと》も早《はや》く、ひすいをアクセサリーに使《つか》ったという。新潟県《にいがたけん》糸魚川市《いといがわし》の姫川《ひめかわ》流域《りゅういき》が最大《さいだい》の産地《さんち》

9章《しょう》 山《やま》の中《なか》で大《だい》ピンチ!!

水晶《すいしょう》は袋《ふくろ》に入《はい》っていたのよね？
うん
ガザ
よし まずはこっちから捜《さが》してみよう
た…れか たすけ……
あれ？ 今《いま》声《こえ》がしなかった？
でも父《とう》ちゃんにしてはマヌケな声《こえ》のような……
この声《こえ》はひょっとして……
た…助《たす》けてくれぃ〜
やっぱり！ネルの声《こえ》だ!!
やっぱりってなんだよ

ガサ
どこだ――
ネル!!
ここだよ～
ガサ
だから
どこに――
わっ
シュン!?
シュンが
消《き》えちゃった……
これってもしや
神《かみ》かくし!?
たっ助《たす》けて
くり～～
遊《あそ》んで
ね――っ!!
あら
何《なに》遊《あそ》ん
でんのよ

だれだーーこんなところに落《お》とし穴《あな》つくったのはーー!!
オレだ
ヒョコ
ワシが!? なんでこんなイタズラを……
遊《あそ》びでつくったんじゃないぞ これは獲物《えもの》を捕《つか》まえるためのワナだ
ワナ?
獲物《えもの》を捕《つか》まえる方法《ほうほう》は弓矢《ゆみや》だけじゃない森《もり》の中《なか》にいくつもこういう落《お》とし穴《あな》を仕掛《しか》けてるんだ
じゃ…もしかしてケラのお父《とう》さんもワナに……!
落《お》ちているかもしれないな
オーイ
早《はや》いとこ引《ひ》き上《あ》げてくれーー

シュンもネルもおっちょこちょいね〜
イヤイヤイヤ
イヤイヤイヤ
これは気《き》づきませんから〜!
でもふたりとも運《うん》がよかったよ
あっちにつくった落《お》とし穴《あな》は底《そこ》にとがった木《き》を何本《なんぼん》も刺《さ》してあるから落《お》ちたら串刺《くしざ》しになってたかも
くっ…串刺《くしざ》し!?
ざくっ
ざく
ゾゾ〜
ゴクッ
それはくしやき…

まさか……
父《とう》ちゃん……
あー
しまった
ー
その落《お》とし穴《あな》
どこ!?
案内《あんない》して!!
わかった!
ザザ
ザザ
血《ち》のにおいがする
父《とう》ちゃん!
あっ
ケラ!
ダッ
父《とう》ちゃん!
父《とう》ちゃん!!

!!
ホッ
いっ……
いなかった
ヘナ
ワナにかかっては
いないようだな
コワ…
どこに
いるんだろ？
うん…
あれ？
この木《き》の先《さき》に
血《ち》がついてる
えっ!?
まさか
父《とう》ちゃんの……
ワン
ワン
イチ？
どうした？

あっ
子犬《こいぬ》だ
クゥン
クゥン
血《ち》のにおいは
こいつの
だったんだ
かわいそう
大丈夫《だいじょうぶ》か？
ワシ
こいつは……
ああ
犬《いぬ》ではないな
ぎゅっ
こんなケガで
どうやって穴《あな》から
出《で》られたんだろう？
だな
ボクたちも
自分《じぶん》で出《で》られ
なかったしな
あのう……
みなさん 近《ちか》くの
ムラの人《ひと》かい？
ガサ

とっ父《とう》ちゃん!!
ケラ……!
無事《ぶじ》だったか!!
父《とう》ちゃーーん!!
がしっ
よかった…
おっとそうだ先《さき》にこいつの手当《てあ》てをしてやらねば
みんなわすれてたろ…
――そうだったのか

ムスコが大変《たいへん》世話《せわ》になった
ありがとう!
いやいや
なになに
あんたたちはべつに何《なん》の世話《せわ》もしてないでしょ
私《わたし》が流《なが》れ着《つ》いたのはあの岩場《いわば》の向《む》こうでな
だからすぐ見《み》つからなかったのか～
ガサッ
ケラとはぐれ石《いし》もなくし腹《はら》をすかせていた時《とき》こいつと出合《であ》ったんだ
ソーー
よーしよしいい子《こ》だこっちへおいで♡おいしく食《く》ってやるから
……
ダッ
あっまて!

キャン
ドサッ
しめた！穴《あな》に落《お》ちたぞ！
ところが…落《お》ちたこいつを見《み》たらかわいそうになっちまって……
・・・・
クオオン
待《ま》ってな 今《いま》薬《くすり》を持《も》ってきてやるからな
――で薬《くすり》になりそうな草《くさ》をとって戻《もど》ってきたところさ
ええ話《はなし》やわ～
お父《とう》さんやさしいのね
子犬《こいぬ》の手当《てあ》てまでするとは
おなかすいてたのにエライ！
ねぇねぇ父《とう》ちゃん！
この子《こ》飼《か》ってもいい？

いや…それは やめておいたほうが いいんじゃないかな
そうだな そのままにして みんな 一刻《いっこく》も早《はや》くここから 立《た》ち去《さ》ろう なぜならそいつは……
そんな…… かわいそうじゃない!!
バッ
危《あぶ》ないっ!
ぶぅん
ガゥウァ
そいつは 犬《いぬ》じゃなくて……

ウオオオォォ
ウウウ
もっともキケンなオオカミの子《こ》だからだ——
かこまれちゃったぜ…

ウォォォォ
ウォォォ
オオカミ!?
ガルル

縄文時代《じょうもんじだい》の代表的《だいひょうてき》な遺跡《いせき》

縄文時代《じょうもんじだい》の主《おも》な遺跡《いせき》を紹介《しょうかい》します。公園《こうえん》になっていて、縄文時代《じょうもんじだい》の住居《じゅうきょ》などが復元《ふくげん》されているところもあるので、機会《きかい》があったら見学《けんがく》に行《い》ってみましょう。

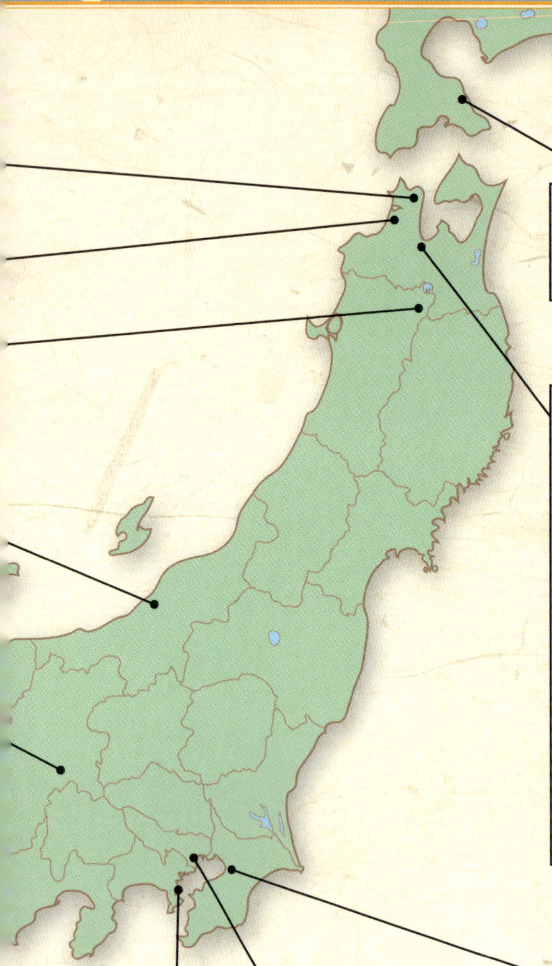

大船遺跡《おおふねいせき》＊

縄文時代前期後半《じょうもんじだいぜんきこうはん》～中期後半《ちゅうきこうはん》の大《おお》きな集落遺跡《しゅうらくいせき》

三内丸山遺跡《さんないまるやまいせき》＊

縄文時代前期中頃《じょうもんじだいぜんきなかごろ》～中期終《ちゅうきお》わりの大《おお》きな集落遺跡《しゅうらくいせき》。巨大《きょだい》な柱《はしら》のある建物跡《たてものあと》が有名《ゆうめい》

写真：朝日新聞社

加曽利貝塚《かそりかいづか》

縄文時代中期《じょうもんじだいちゅうき》～後期《こうき》につくられた巨大《きょだい》な貝塚遺跡《かいづかいせき》。日本最大級《にほんさいだいきゅう》の貝塚《かいづか》で、世界《せかい》でも有数《ゆうすう》の規模《きぼ》を持《も》つ

写真：ピクスタ

大森貝塚《おおもりかいづか》

縄文時代後期《じょうもんじだいこうき》～晩期《ばんき》の貝塚遺跡《かいづかいせき》。1877（明治《めいじ》10）年《ねん》に、アメリカ人科学者《じんかがくしゃ》のモースによって発見《はっけん》された。日本《にほん》で初《はじ》めて学術的《がくじゅつてき》な発掘《はっくつ》調査《ちょうさ》が行《おこな》われた記念《きねん》すべき遺跡《いせき》

夏島貝塚《なつしまかいづか》

縄文時代早期《じょうもんじだいそうき》の貝塚遺跡《かいづかいせき》。日本《にほん》で最《もっと》も古《ふる》い貝塚《かいづか》の1つ

＊印《じるし》の遺跡《いせき》を含《ふく》む遺跡群《いせきぐん》は2021年《ねん》、「北海道《ほっかいどう》・北東北《きたとうほく》の縄文遺跡群《じょうもんいせきぐん》」として世界文化遺産《せかいぶんかいさん》に登録《とうろく》された。

大湯環状列石《おおゆかんじょうれっせき》*

縄文時代後期前半《じょうもんじだいこうきぜんはん》の遺跡《いせき》。石《いし》をサークル状《じょう》に並《なら》べたものが環状列石《かんじょうれっせき》

写真：ピクスタ

大平山元遺跡《おおだいやまもといせき》*

縄文時代草創期初頭《じょうもんじだいそうそうきしょとう》の遺跡《いせき》。世界最古級《せかいさいこきゅう》の土器《どき》が発見《はっけん》されている

亀ケ岡遺跡《かめがおかいせき》*

縄文時代晩期《じょうもんじだいばんき》の集落遺跡《しゅうらくいせき》。大《おお》きな目《め》が特徴《とくちょう》の「遮光器土偶《しゃこうきどぐう》」が発見《はっけん》されている

馬高遺跡《うまたかいせき》

縄文時代中期《じょうもんじだいちゅうき》の大《おお》きな集落遺跡《しゅうらくいせき》。口《くち》に炎《ほのお》のような飾《かざ》りを持《も》つ「火焔型土器《かえんがたどき》」が発見《はっけん》されている

尖石遺跡《とがりいしいせき》

標高千《ひょうこうせん》mにある、縄文時代中期《じょうもんじだいちゅうき》の高地《こうち》集落遺跡《しゅうらくいせき》

泉福寺洞窟遺跡《せんぷくじどうくついせき》

旧石器時代《きゅうせっきじだい》～平安時代《へいあんじだい》のものが発見《はっけん》されている遺跡《いせき》。世界最古《せかいさいこ》級《きゅう》の土器《どき》が見《み》つかっている

縄文時代《じょうもんじだい》の遺跡《いせき》って西日本《にしにほん》よりも東日本《ひがしにほん》のほうに多《おお》いのか
縄文時代《じょうもんじだい》は西日本《にしにほん》よりも東日本《ひがしにほん》のほうが人口《じんこう》が多《おお》かったんですって90%以上《いじょう》の人《ひと》が東日本《ひがしにほん》に住《す》んでいたそうよ！

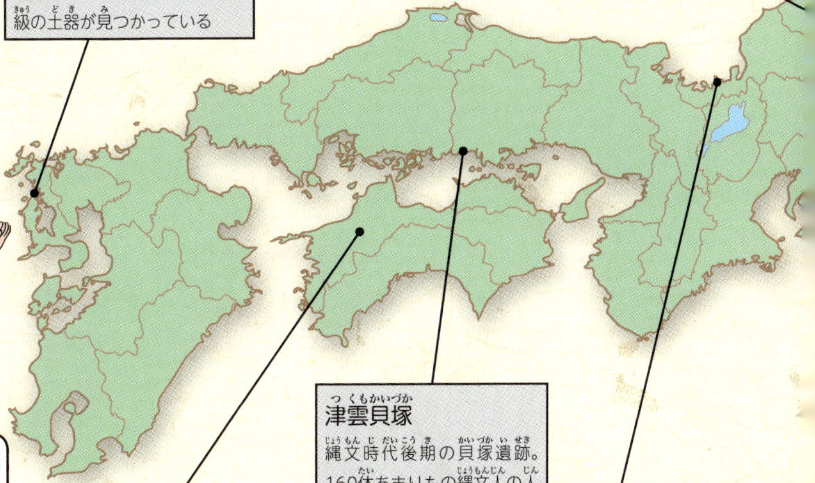

津雲貝塚《つくもかいづか》

縄文時代後期《じょうもんじだいこうき》の貝塚遺跡《かいづかいせき》。160体《たい》あまりもの縄文人《じょうもんじん》の人骨《じんこつ》が発見《はっけん》されている

上黒岩岩陰遺跡《かみくろいわいわかげいせき》

縄文時代草創期《じょうもんじだいそうそうき》～後期《こうき》の遺跡《いせき》。ここには、1万年近《まんねんちか》くにわたって人《ひと》が住《す》んでいた

鳥浜貝塚《とりはまかいづか》

縄文時代草創期《じょうもんじだいそうそうき》～前期《ぜんき》の貝塚遺跡《かいづかいせき》。日本《にほん》で最《もっと》も古《ふる》い貝塚《かいづか》の1つ

10章《しょう》
さよなら縄文世界《じょうもんせかい》

ニホンオオカミがいたわ 明治時代《めいじじだい》に絶滅《ぜつめつ》したけど 昔《むかし》は 日本各地《にほんかくち》にいたって聞《き》いたことがあるわ
そうなのか？
でも 日本《にほん》のオオカミはきっとそんなにこわくないよね？
いいや 人間《にんげん》を襲《おそ》うこともある
危《あぶ》ないっ
ヒェエエ
バッ

下《さ》がれっ!!
あっち行《い》け!
来《く》るな!!
シュタッ
動《うご》きが速《はや》くて狙《ねら》いが定《さだ》まらないよっ
うぬぬぬ
ガウウゥ
ガリッ

ガウルルル
キャアア
ジリ
ジリ
ユイ!!
ドン
うりゃああ
シュン!
ザんっ
はっ

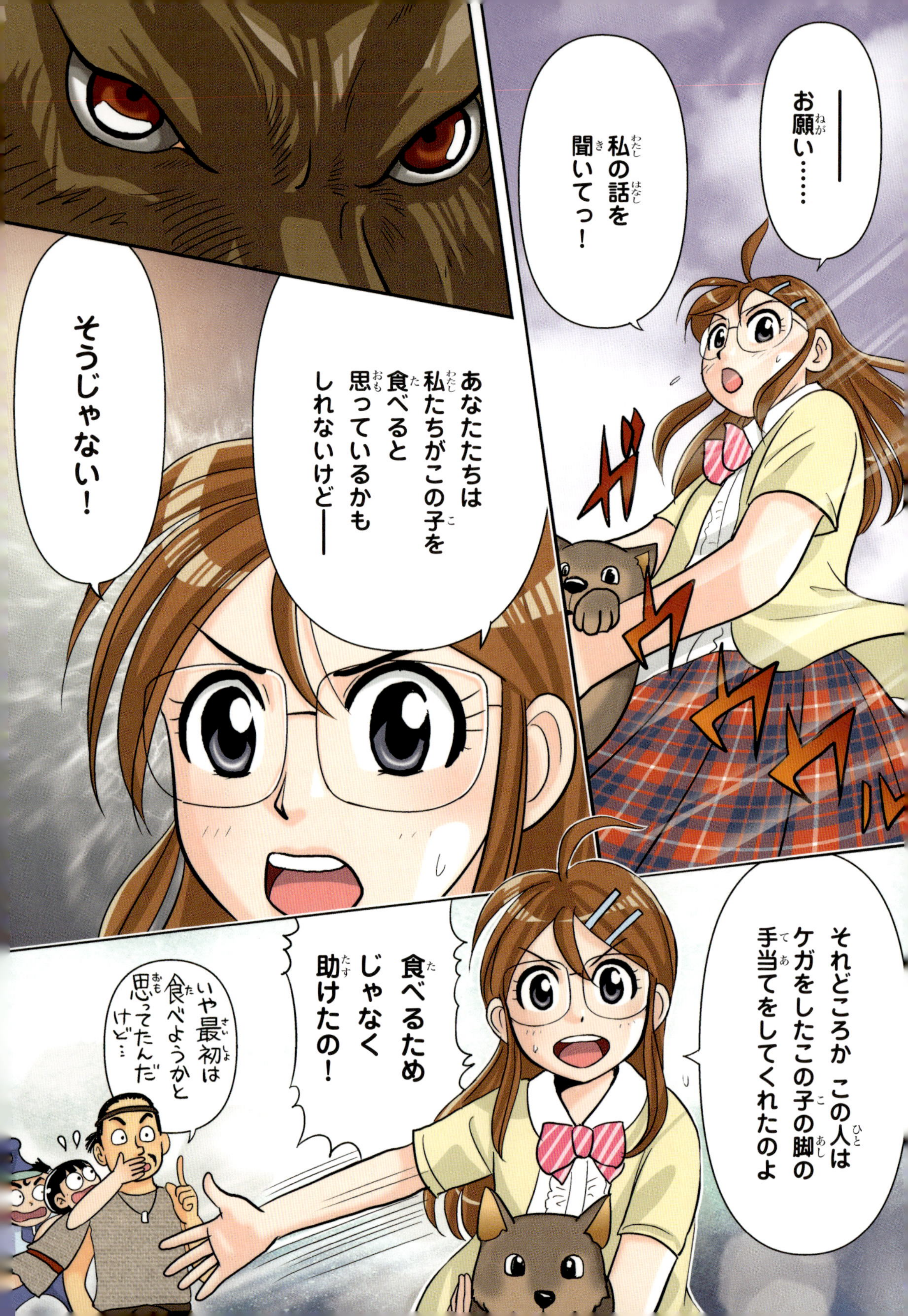
――お願《ねが》い……
私《わたし》の話《はなし》を聞《き》いてっ！
ザワ
ザワ
ザワ
ル
あなたたちは私《わたし》たちがこの子《こ》を食《た》べると思《おも》っているかもしれないけど――
そうじゃない！
それどころか この人《ひと》はケガをしたこの子《こ》の脚《あし》の手当《てあ》てをしてくれたのよ
食《た》べるためじゃなく助《たす》けたの！
いや最初《さいしょ》は食《た》べようかと思《おも》ってたんだけど…

私《わたし》たちも あなたたちも生《い》きていく ためには狩《か》りをする…… それはしかたないことだわ
でも今回《こんかい》は 傷《きず》の手《て》当《あ》てをしてくれた この人《ひと》のやさしさに こたえて……
この子《こ》を連《つ》れて 静《しず》かに帰《かえ》って もらえないかしら?

じっ…
ヒョコ
ヒョコ
ヒョコ
ヒョコッ
す……すごい
帰《かえ》ってく……
ふーっ
ヤクッ
やったなユイ！
スゴイ！
ダダッ
感動《かんどう》した！
カッコイイ！

私《わたし》……
あなたたちの姿《すがた》を見《み》ていて思《おも》ったの
自然《しぜん》とともに生《い》きる縄文時代《じょうもんじだい》の人《ひと》たちの生《い》き方《かた》って素敵《すてき》だなあって
だから きっとあのオオカミにも 私《わたし》の気持《きも》ちが通《つう》じるんじゃないかって
ちょっとがんばっちゃった
タハハ
ヘナ
ぺたん
ザザッ
ザザッ

ユイ!!
結婚《けっこん》してくれ!!
……は?
けけけけ
けけけ
けっこん!?
あの…ほら 私《わたし》
この時代《じだい》の人《ひと》じゃないし
元《もと》の世界《せかい》に戻《もど》らないと
そういうことは
大人《おとな》に
なってから
ゆっくり…
父《とう》ちゃんは
オレの年《とし》
にはもう
結婚《けっこん》してたぞ
ユイ
もてまくり
だなー

でも元《もと》の世界《せかい》に戻《もど》るには 石《いし》の袋《ふくろ》を見《み》つけないとな
父《とう》ちゃん 石《いし》の入《はい》った袋《ふくろ》はどこいったの？
ああ…
あれは川《かわ》に流《なが》されてしまったな……
どこにいったかわからんが命《いのち》が助《たす》かったからよしとしよう
ハハ
うん うん
まー そうだな
なんとか水晶《すいしょう》見《み》つけなくちゃね
オレのユイ!
オレのユイ!
水晶《すいしょう》？
水晶《すいしょう》ならあるぞ
ほしいのか？
!?

ホントに!?
あ…ああ
この首飾《くびかざ》りが水晶《すいしょう》だよ
これが!
水晶《すいしょう》!?
ムスコを世話《せわ》してくれたお礼《れい》にキミたちにあげるよ
きっと私《わたし》がこうして持《も》っていたのもこのためだったんだろう
ブチッ
あっ…ありがとうございます!
ちなみにケラがつけているのも水晶《すいしょう》だぞ
え? コレそうなの?
持《も》っとったんかーーーい!

どう？
直《なお》りそう？
カチャ
カチャ
ああ水晶《すいしょう》さえあればバッチリだ！
これスゴくイイ水晶《すいしょう》だぜ
よし！
直《なお》ったぞ!!
ワシ トビ みんなありがとう
みんなのおかげで元《もと》の世界《せかい》に
戻《もど》れるよ
ごちそういっぱい
ありがとう！
おいしかった！
元気《げんき》でな
でも ユイは残《のこ》って
結婚《けっこん》してくれ！
くるっ
ブンッ
いや！ もう…それ
言《い》わないでぇ〜！
ブンッ
パカッ
あ

開《あ》いちゃった〜
さよ〜なら〜
ビュルルルル
NOB

ヒュルルルル
ストン
ストン
ストン
あっ
カレーだ
戻《もど》った!
いただきまーす
戻《もど》ってこられた——!!
やったー!!
おかわり~
フッ
じゃ…
ボクも
未来《みらい》に帰《かえ》る
ことにするよ

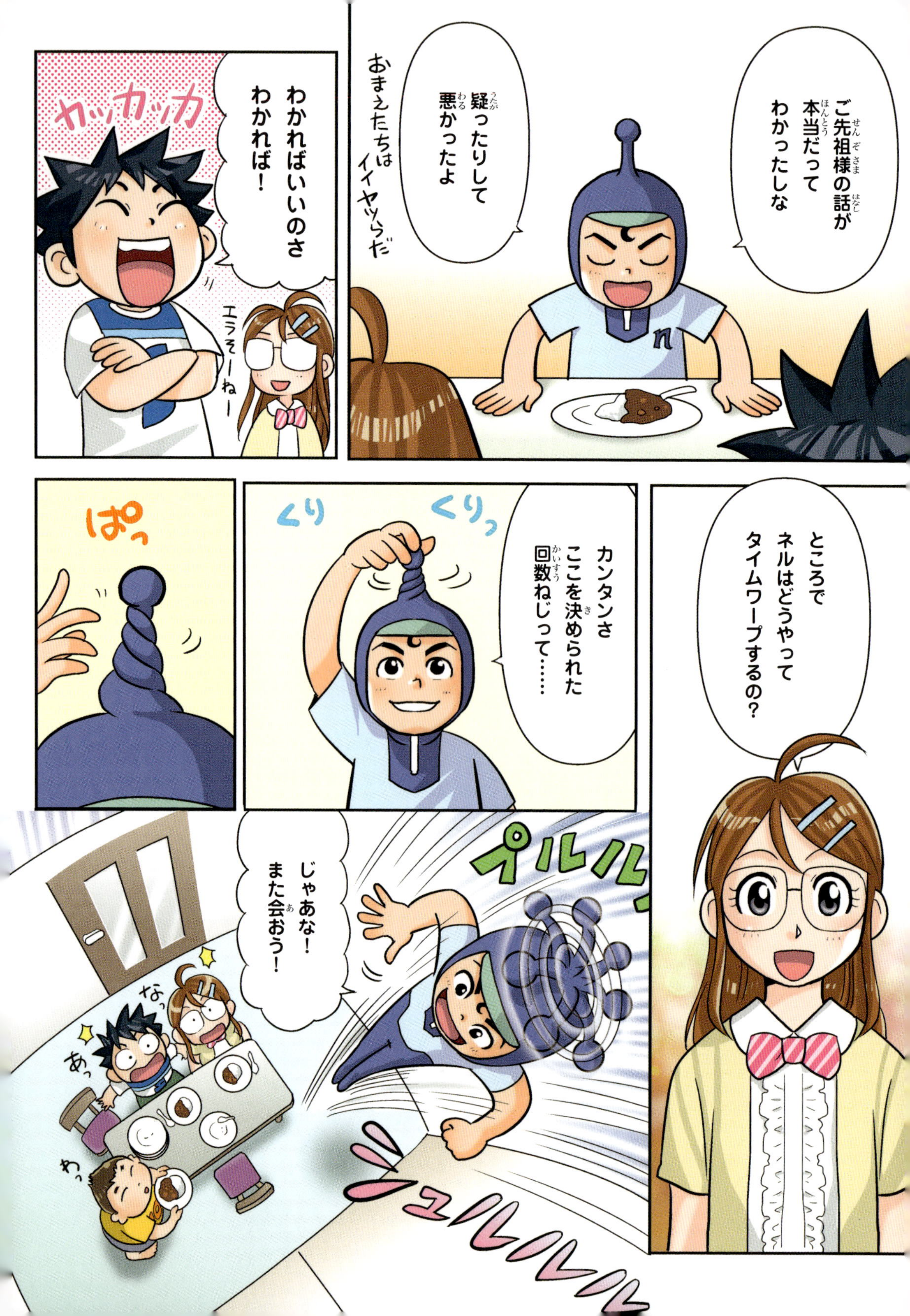
ご先祖《せんぞ》様《さま》の話《はなし》が本当《ほんとう》だってわかったしな
疑《うたが》ったりして悪《わる》かったよ
おまえたちはイイヤツらだ
カッカッカ
わかればいいのさ わかれば!
エラそーねー
ところでネルはどうやってタイムワープするの?
くり くりっ
カンタンさ ここを決《き》められた回数《かいすう》ねじって……
ぱっ
プルル
じゃあな! また会《あ》おう!
なっ
あっ
わっ
シュルルル

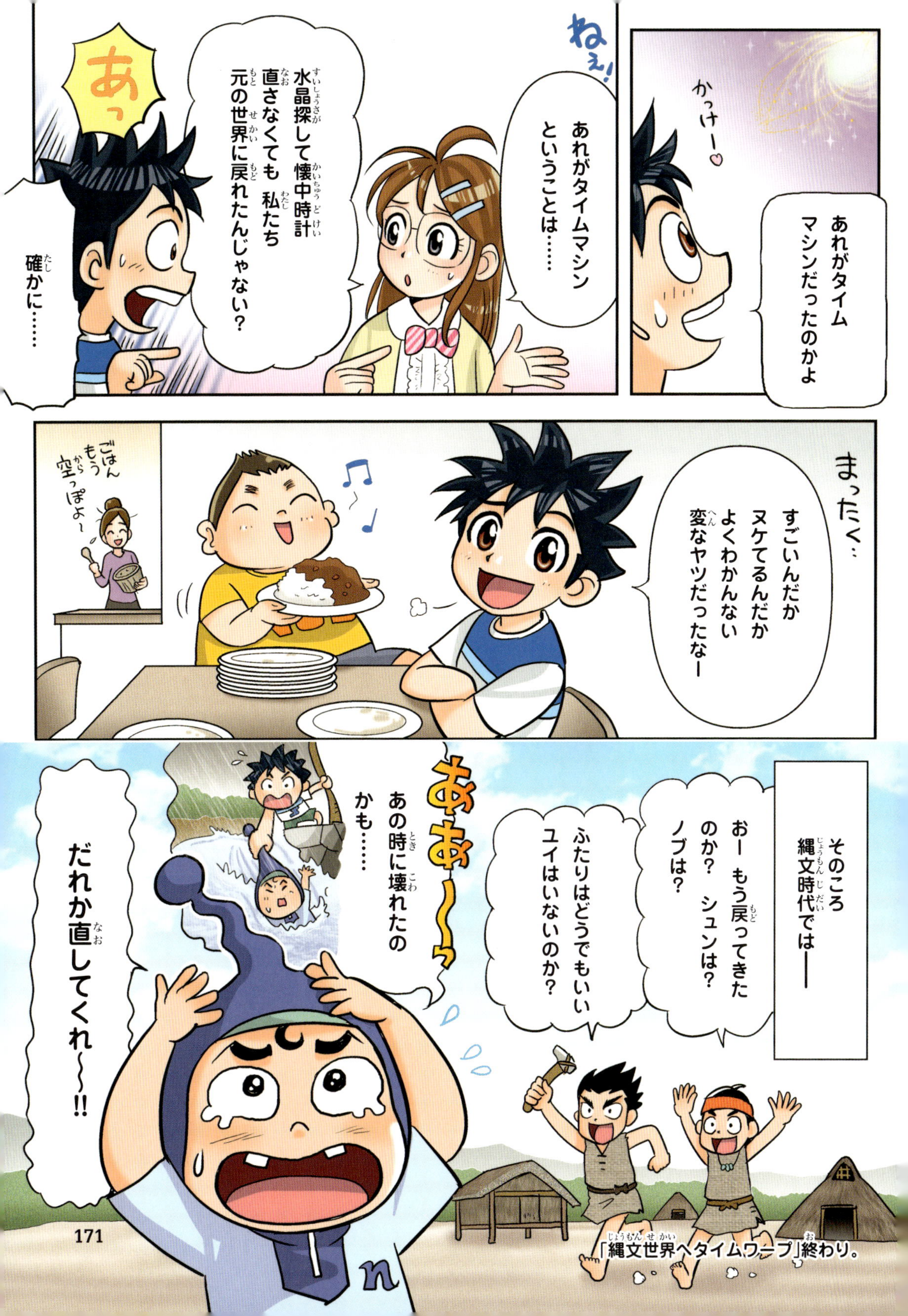
かっけー♡
あれがタイムマシンだったのかよ
ねぇ!
あれがタイムマシンということは……
水晶探《すいしょうさが》して懐中時計《かいちゅうどけい》直《なお》さなくても 私《わたし》たち元《もと》の世界《せかい》に戻《もど》れたんじゃない?
あっ
確《たし》かに……
まったくー
すごいんだかヌケてるんだかよくわかんない変《へん》なヤツだったなー
ごはんもう空《から》っぽよ~
そのころ縄文時代《じょうもんじだい》では——
おー もう戻《もど》ってきたのか? シュンは? ノブは?
ふたりはどうでもいいユイはいないのか?
ああ~~
あの時《とき》に壊《こわ》れたのかも……
だれか直《なお》してくれ~~!!
「縄文世界《じょうもんせかい》へタイムワープ」終《お》わり。

コメ作《づく》りの始《はじ》まりと縄文時代《じょうもんじだい》の終《お》わり

① 縄文時代晩期《じょうもんじだいばんき》にコメ作《づく》りが始《はじ》まる

3千年《ぜんねん》ほど前《まえ》の縄文時代晩期《じょうもんじだいばんき》から、日本列島《にほんれっとう》に暮《く》らす人々《ひとびと》に、大《おお》きな変化《へんか》が起《お》き始《はじ》めました。そのきっかけは、中国大陸《ちゅうごくたいりく》あるいは朝鮮半島《ちょうせんはんとう》からやってきた人々《ひとびと》（渡来人《とらいじん》）によって、田《た》んぼ（水田《すいでん》）でコメ作《づく》りをする技術《ぎじゅつ》が伝《つた》わったことです。

渡来人《とらいじん》は九州北部《きゅうしゅうほくぶ》にやってきました。福《ふく》岡県《おかけん》や佐賀県《さがけん》などでは、縄文時代晩期《じょうもんじだいばんき》の水《すい》田跡《でんあと》のある遺跡《いせき》が見《み》つかっています。

コメ作《づく》りは
中国《ちゅうごく》の長江流域《ちょうこうりゅういき》で
始《はじ》まったんだって！
約《やく》7千年前《せんねんまえ》の
水田《すいでん》の跡《あと》も
見《み》つかっている
らしいぞ

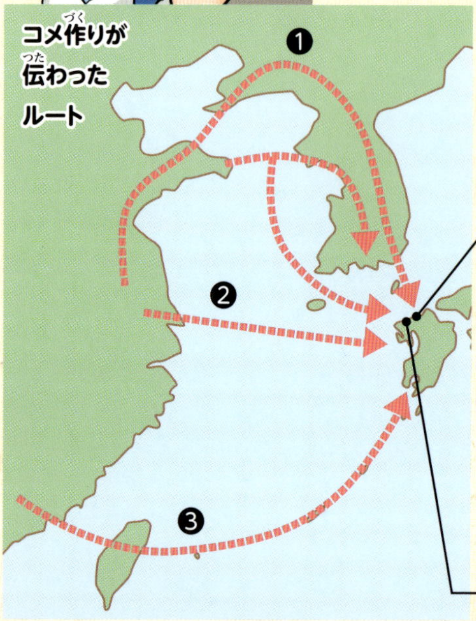
コメ作《づく》りが
伝《つた》わった
ルート
❶
❷
❸

板付遺跡《いたづけいせき》
縄文時代晩期《じょうもんじだいばんき》～弥生時代中期《やよいじだいちゅうき》の集落遺跡《しゅうらくいせき》で、縄文時代晩期《じょうもんじだいばんき》と思《おも》われる水田《すいでん》の跡《あと》が発見《はっけん》された。日本《にほん》で最《もっと》も早《はや》く水田《すいでん》でコメ作《づく》りを始《はじ》めた場所《ばしょ》の１つ

菜畑遺跡《なばたけいせき》
縄文時代晩期《じょうもんじだいばんき》～弥生時代中期《やよいじだいちゅうき》の集落遺跡《しゅうらくいせき》で、縄文時代晩期《じょうもんじだいばんき》と思《おも》われる水田《すいでん》の跡《あと》や、炭《すみ》になったコメが発見《はっけん》されている。日本《にほん》で最《もっと》も早《はや》く水田《すいでん》でコメ作《づく》りを始《はじ》めた場所《ばしょ》の１つ

どのようなルートで日本《にほん》にコメ作《づく》りが伝《つた》わったのかについて、はっきり「これ」と言《い》える説《せつ》はまだない。主《おも》に、
❶中国《ちゅうごく》から朝鮮半島《ちょうせんはんとう》を通《とお》って伝《つた》わった
❷中国《ちゅうごく》から直接伝《ちょくせつつた》わった
❸南《みなみ》の島伝《しまづた》いで伝《つた》わった
の３つの説《せつ》があり、❶と❷が有力《ゆうりょく》とされる。

② コメ作《づく》りが広《ひろ》がり縄文時代《じょうもんじだい》が終《お》わる

コメ作《づく》りは、次第《しだい》に日本列島《にほんれっとう》に広《ひろ》まっていきました。また、渡来人《とらいじん》はコメ作《づく》りの技術《ぎじゅつ》だけでなく、鉄《てつ》や青銅《せいどう》を材料《ざいりょう》にした金属器《きんぞくき》や、機織《はたお》りなどの技術《ぎじゅつ》も日本《にほん》に伝《つた》えました。この結果《けっか》、日本列島《にほんれっとう》では、渡来人《とらいじん》と、もとから住《す》んでいた縄文人《じょうもんじん》が一緒《いっしょ》になって、新《あたら》しい社会《しゃかい》や文化《ぶんか》が生《う》み出《だ》されていきました。こうして、縄文時代《じょうもんじだい》が終《お》わり、弥生時代《やよいじだい》が始《はじ》まったのです。

ほかほかのごはん
おいしいもんね
そりゃあ みんな
作《つく》りたくなるよ!

③ 弥生時代《やよいじだい》に起《お》きた変化《へんか》

弥生時代《やよいじだい》は農耕《のうこう》が行《おこな》われた社会《しゃかい》です。田《た》んぼを整備《せいび》したり、水路《すいろ》をつくったりするなどの計画的《けいかくてき》な作業《さぎょう》には、強《つよ》い指導者《しどうしゃ》が必要《ひつよう》です。こうして、ムラの中《なか》にはリーダーが生《う》まれました。

また、石器《せっき》だけでなく金属器《きんぞくき》が使《つか》われるようになり、土器《どき》は厚手《あつで》の縄文土器《じょうもんどき》から、薄手《うすで》の弥生土器《やよいどき》に変《か》わりました。

もの知《し》りコラム

北海道《ほっかいどう》と沖縄《おきなわ》では弥生時代《やよいじだい》はなかった!

寒冷《かんれい》な北海道《ほっかいどう》では、弥生時代《やよいじだい》になってもコメ作《づく》りが定着《ていちゃく》せず、それまでの縄文時代《じょうもんじだい》の文化《ぶんか》が1400年前《ねんまえ》まで続《つづ》きました。これを「続縄文文化《ぞくじょうもんぶんか》」といいます。

◆◆◆

沖縄《おきなわ》や奄美《あまみ》などの南西諸島《なんせいしょとう》でもコメ作《づく》りは行《おこな》われず、採集《さいしゅう》・漁労文化《ぎょろうぶんか》が、平安時代《へいあんじだい》の頃《ころ》まで続《つづ》きました。これを「貝塚文化《かいづかぶんか》」といいます。

北海道《ほっかいどう》で本格的《ほんかくてき》に
コメ作《づく》りが始《はじ》まるのは
明治時代《めいじじだい》に入《はい》って
からですって

縄《じょう》文《もん》時《じ》代《だい》年《ねん》表《ぴょう》

	旧石器時代《きゅうせっきじだい》	草創期《そうそうき》	早期《そうき》	前期《ぜんき》
		1万《まん》数《すう》千年前《せんねんまえ》	1万《まん》2千年前《せんねんまえ》	7千年前《せんねんまえ》
		時代《じだい》		
	●氷河期《ひょうがき》が終《お》わりはじめ、日本列島《にほんれっとう》の気候《きこう》が暖《あたた》かくなっていく	●日本列島《にほんれっとう》で土器《どき》が使《つか》われ始《はじ》める ●弓矢《ゆみや》を使《つか》った狩《か》りが始《はじ》まる ●人々《ひとびと》が定住《ていじゅう》しはじめるようになる	●約《やく》1万《まん》2千年前《せんねんまえ》に氷河期《ひょうがき》が終《お》わる ●貝塚《かいづか》がつくられ始《はじ》める ●気候《きこう》がさらに暖《あたた》かくなり、海面《かいめん》の上昇《じょうしょう》が始《はじ》まる（縄文海進《じょうもんかいしん》）	●約《やく》6千年前《せんねんまえ》に海面《かいめん》の上昇《じょうしょう》が最大《さいだい》となる（現在《げんざい》よりも最大《さいだい》で4～5m上昇《じょうしょう》）。平均気温《へいきんきおん》は現在《げんざい》より2～3℃高《たか》かった ●貝塚《かいづか》が多《おお》くつくられる
代表的《だいひょうてき》な遺跡《いせき》		泉福寺洞窟遺跡《せんぷくじどうくついせき》 大平山元遺跡《おおだいやまもといせき》 上黒岩岩陰遺跡《かみくろいわいわかげいせき》	鳥浜貝塚《とりはまかいづか》 夏島貝塚《なつしまかいづか》	

5500年前《ねんまえ》	4500年前《ねんまえ》	3300年前《ねんまえ》	2千数百年前《せんすうひゃくねんまえ》
縄文《じょうもん》			弥生時代《やよいじだい》
中期《ちゅうき》	後期《こうき》	晩期《ばんき》	
●三内丸山遺跡《さんないまるやまいせき》など、大規模《だいきぼ》な集落《しゅうらく》がつくられる ●さまざまな飾《かざ》りや模様《もよう》のついた土器《どき》が多《おお》く作《つく》られる。新潟県《にいがたけん》の信濃川流域《しなのがわりゅういき》などでは、口《くち》に炎《ほのお》のような飾《かざ》りのついた火焔型土器《かえんがたどき》がみられる ●中期末《ちゅうきすえ》～後期初《こうきはじ》め頃《ごろ》、縄文時代《じょうもんじだい》の北海道《ほっかいどう》と沖縄《おきなわ》を除《のぞ》く日本《にほん》列島《れっとう》の人口《じんこう》がおよそ26万《まん》になる（縄文時代最大《じょうもんじだいさいだい》の人口《じんこう》）	●日本列島《にほんれっとう》の人口《じんこう》が少《すく》なくなりはじめ、大規模《だいきぼ》な集落《しゅうらく》が減《へ》り、集落《しゅうらく》のある場所《ばしょ》が分散《ぶんさん》しはじめる ●環状列石《かんじょうれっせき》がつくられるようになる ●原始的《げんしてき》なコメ作《づく》りが行《おこな》われていた？	●東北地方《とうほくちほう》などで遮光器土偶《しゃこうきどぐう》が作《つく》られる ●土製《どせい》のお面《めん》などまつりの道具《どうぐ》がさかんに作《つく》られる ●九州《きゅうしゅう》の北部《ほくぶ》に水田《すいでん》によるコメ作《づく》りの技術《ぎじゅつ》が伝《つた》わる	●日本列島《にほんれっとう》にコメ作《づく》りが広《ひろ》まる
三内丸山遺跡《さんないまるやまいせき》 馬高遺跡《うまたかいせき》 大船遺跡《おおふねいせき》 尖石遺跡《とがりいしいせき》 加曽利貝塚《かそりかいづか》	大湯環状列石《おおゆかんじょうれっせき》 大森貝塚《おおもりかいづか》 津雲貝塚《つくもかいづか》	亀ケ岡遺跡《かめがおかいせき》 板付遺跡《いたづけいせき》 菜畑遺跡《なばたけいせき》	

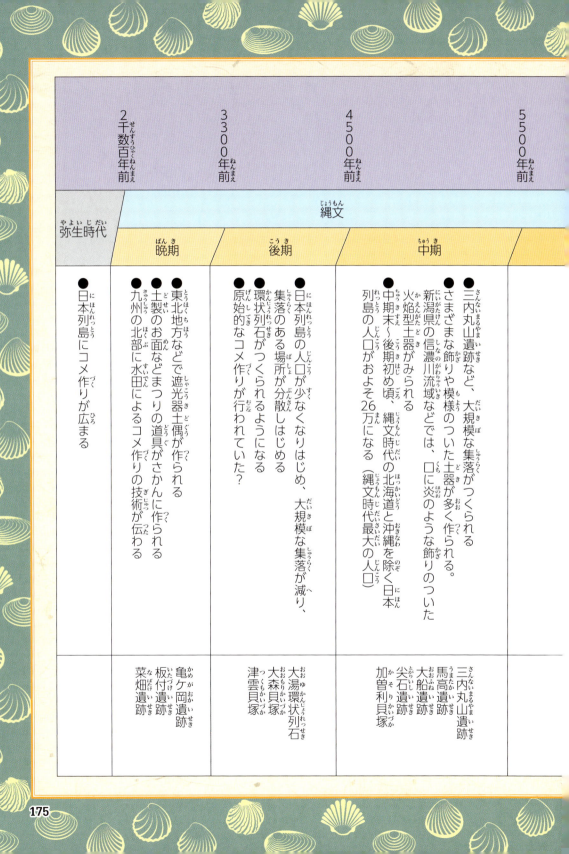

監修　河合敦
編集デスク　大宮耕一、橋田真琴
編集スタッフ　泉ひろえ、河西久実、庄野勢津子、十枝慶二、中原崇
シナリオ　十枝慶二
校閲　朝日新聞総合サービス出版校閲部
コラムイラスト　マカベアキオ、相馬哲也
コラム図版　平凡社地図出版
参考文献　『早わかり日本史』河合敦著 日本実業社／『詳説 日本史研究 改訂版』佐藤信・五味文彦・高埜利彦・鳥海靖編 山川出版社／『山川 詳説日本史図録』詳説日本史図録編集委員会編 山川出版社／『図説 日本史便覧』黒田日出男監修 帝国書院編集部編集／『21 世紀こども百科 歴史館』小学館／『ニューワイドずかん百科 ビジュアル日本の歴史』学研／『調べ学習日本の歴史 1 縄文のムラの研究』ポプラ社／『「もしも？」の図鑑 縄文人がぼくの家にやってきたら!?』実業之日本社／『知られざる縄文ライフ』譽田亜紀子著 誠文堂新光社／『縄文人になる！ 縄文式生活技術教本』関根秀樹著 ヤマケイ文庫

※本シリーズのマンガは、史実をもとに脚色を加えて構成しています。

縄文《じょうもん》世界《せかい》へタイムワープ

2017年10月30日　第1刷発行
2024年 5 月10日　第5刷発行

著　者　マンガ：もとじろう／ストーリー：チーム・ガリレオ
発行者　片桐圭子
発行所　朝日新聞出版
〒104-8011
東京都中央区築地5-3-2
編集　生活・文化編集部
電話　03-5541-8833（編集）
03-5540-7793（販売）

印刷所　株式会社リーブルテック
ISBN978-4-02-331617-1
定価はカバーに表示してあります

落丁・乱丁の場合は弊社業務部（03-5540-7800）へ
ご連絡ください。送料弊社負担にてお取り替えいたします。